〔清〕楊陸榮撰
吴翊如　點校

三藩紀事本末

中華書局

圖書在版編目(CIP)數據

三藩紀事本末/(清)楊陸榮撰;吴翊如點校. —北京:中華書局,2015.8(2019.4 重印)
(歷代紀事本末)
ISBN 978-7-101-11094-4

Ⅰ.三… Ⅱ.①楊…②吴… Ⅲ.三藩之亂-史料
Ⅳ.K249.205

中國版本圖書館 CIP 數據核字(2015)第 157884 號

責任編輯:許 桁

歷代紀事本末
三藩紀事本末
〔清〕楊陸榮 撰
吴翊如 點校

*

中 華 書 局 出 版 發 行
(北京市豐臺區太平橋西里 38 號 100073)
http://www.zhbc.com.cn
E-mail:zhbc@zhbc.com.cn
北京瑞古冠中印刷廠印刷

*

850×1168 毫米 1/32 · 3½印張 · 2 插頁 · 56 千字
2015 年 8 月北京第 1 版 2019 年 4 月北京第 3 次印刷
印數:6501-8000 册 定價:18.00 元

ISBN 978-7-101-11094-4

點校説明

三藩紀事本末四卷，清初楊陸榮撰。陸榮字采南，青浦（今江蘇省青浦縣）人，生平事蹟不詳。

是書敍明、清之際史事，起崇禎甲申（一六四四）福王在南京建立南明政權，迄清康熙二十二年（一六八三）鄭克塽以臺灣歸清止。書成於康熙丁酉（一七一七），距清朝全部消滅南明勢力，僅三十餘年，當時尚無禁毀野史之令，作者雜採各家野史所記，並參考王鴻緒明史稿中有關部份，比較系統地記錄了南明史事，對於研究這一時期的歷史有一定參考價值。但作者的立論和敍事，完全站在清統治者的立場。記事亦有傳聞異詞或失實之處，如艾南英之死，四庫總目提要就指出與明史文苑傳所載不同。至於説鄭成功沈魯王於海，全祖望曾力辨其非（結埼亭集外編卷四十三論本書帖子），柳亞子且謂作者「以敵國誣謗之辭混淆史實」。（懷舊集羿樓舊藏南明史料書目提要）。此外，人名、地名、時間和史事細節的出入還有不少，其是非有待進一步研究考訂。現在中華書局把它作爲紀事本末體系列史書之一種，排印出版，以備異説。

此書成後，即刊印行世，但康熙初版鋟刻不精，頗多錯字。嘉慶戊辰（一八〇八）張海鵬校訂重版，改正了原本不少錯字，但亦産生了一些新的錯誤。此次點校，以嘉慶本爲底本，用康熙本校勘。凡據康熙本改正或補入的字，加上〔 〕；底本錯誤而應改應删的字，加上（ ），用小一號字排，以資識别。間有兩本相同的顯著錯字，則據他書校正之，仍用方圓括號處理。卷三王師南征一目内字有空缺，兩本皆同，無可校補，按空缺排成□。至於避諱字，則逕行回改，不作任何記號。

點校稿承中華書局編輯部仇正偉同志審閲，多所指正，謹致謝意。不妥之處，仍請讀者批評。

點校者

三藩紀事本末敍

闖成肆逆，禍及君后，明之子孫臣庶不能討，聖朝念萬古君臣之義不可以不正，赫怒興師，逆成西竄，勝朝不共之仇藉以復焉。真人出而大難平，乾坤之位定矣。有明諸藩誠思復仇之大德，痛餘氛之未除，憑藉威靈，共剪殘孽，追乎罪人斯得，藉土來歸，庶幾上順天心，下從民願，度德量力，計無踰此。昔殷辛失德，微子抱器歸周，夫子删書，不以微子之不正位號爲罪，而亟稱之曰仁。當是時，取殷之天下者周也，視聖朝之取天下於闖，而且爲明之子孫臣庶復不共之仇者，彼此相衡，判若天壤，乃微子可以歸周，諸藩顧思僭號自立，仁者固如是乎？秦人失鹿，楚人攫之，與楚人争之可也，與攫楚之人争之不可也。何也？義不可也。且向也以全盛之天下，授之羣盗，今也以破殘之疆土衡抗天朝，天既厭明德，尚思挺而走險，豈惟違乎仁悖乎義云爾哉，抑亦不智甚矣。然猶藩之者何也？曰不没其寔，正所以不予其僭也。其寔藩也，則明之祖宗未嘗以統授之也，明之百姓未嘗以統歸之也。上不以統授，下不以統歸，而妄干大號，是僭而已矣。僭竊之人，王法之所不宥，然則諸藩之隨起隨滅，身膏斧鑕，夫亦其自取焉爾。若夫擁立諸臣，獨無罪乎？夫伊尹五就，管仲一匡，苟審爲之君子且不以爲過，不然則首陽餓夫，不聞佐武庚以倡亂也，審此而諸臣之爲所優負而爲之，君子且不以爲過，不然則首陽餓夫，不聞佐武庚以倡亂也，審此而諸臣之爲功爲罪，瞭若指掌矣。酉春多暇，檢閱遺編，凜大命之莫干，悼王行之自絶，因類次其事而書之卷首。時康熙五十六年，歲次丁酉，仲春下浣，青浦楊陸榮采南氏書。

三藩紀事本末凡例

一，是編悉遵本朝正朔，各藩所僭位號不以統年。

一，是編雖雜採劫灰、浮海、甲子、江(大)[人]事、江難、也是、遺聞、編年、遂志等書，然以王大司農奉旨分編之史傳爲正，故與野史所載微有異同。

一，論斷必具史才，敍而不論，以俟作者。

一，編中間有一二不見正史，止據野史收入，閱者倘確知其失寔，幸卽賜教，以便改正。

一，編中搜羅未廣，倘有家藏善書，或賜借觀，或賜函教，以便增入。

采南氏識

四庫全書提要

三藩紀事本末四卷

國朝楊陸榮撰。陸榮有易互，已著錄。是編成於康熙丁酉，首紀福王、唐王、桂王始末，及四鎮、兩案、馬阮之姦，次紀順治初年平浙、平閩、平粵、平江右事蹟，及魯王、益王之亂，饒州死難諸人，金聲桓之亂，及大兵南征，何騰蛟、瞿式耜之死，孫可望、李延齡之變，次爲桂王入緬，蜀亂、閩亂及雜亂。其凡例自云，搜羅未廣，頗有疎漏；又間有傳聞異詞者，如明史文苑傳載艾南英以病死，而此載其自縊殉節，亦僅據其耳目所及，未一一詳核也。

三藩紀事本末目録

卷一

卷二

卷三

卷四

三藩紀事本末卷一

三藩僭號

福王名由松，神宗孫，福王常洵之子。洛陽陷，王避亂南下，次淮安。值甲申三月國變，南中府部等官會議監國，鳳督馬士英移書史可法及兵部侍郎呂大器，請奉福王。可法、大器以潞王稍有賢譽，持未決。而士英密與操江誠意伯劉孔昭、總兵劉澤清、高傑、黄得功、劉良佐擁兵迎王於江上。王至南京，以内守備府爲行宫，四日監國，十五日僭卽位，稱明年爲弘光元年。

順治元年甲申五月，王召史可法、高弘圖、馬士英入閣辦事，姜曰廣、王鐸俱爲大學士，張愼言爲吏部尚書。以總兵黄得功、高傑、劉澤清、劉良佐分鎭淮上，史可法開府揚州，督其軍。

六月，命禮部鑄國璽，以金代之。

召劉宗周爲都察院左都御史。宗周疏論時事：一言據形勝。江左非偏安之業，宜以親征之師東阨淮徐，北控豫州，西顧荆襄，漸恢漸進。一言重藩屏。路振飛坐守淮城，久以家眷浮舟遠地，劉澤清、高傑亦有家口寄江南之説，是二鎮一撫皆可斬也。一言慎爵賞。各帥封賞，孰應孰濫，宜嚴加分別，如左帥以恢復而封，高、劉以敗逃而亦封，將誰爲不封者？武臣既濫，文臣隨之；外廷既濫，中璫隨之，臣恐天下聞而解體也。一言覈舊官。燕京既陷，有受僞官而逃者，有在封守而逃者，有在使命而逃者，宜分別定罪。又言：「賊兵入秦踰晉，直逼京師，大江以南，二三督撫坐視君父之危亡，未嘗遣一騎入援。既而大行之凶問確矣，督撫諸臣仍復安坐地方，止圖定策之功，未嘗肯移一步。洎乎新朝既立，自應立遣北伐之師，而諸臣之計又不出此，紛紛制作，盡屬體面。更難解者，先帝升遐喪詔，距今月餘浙中尚未頒至。近省如此，遠省可知。仰惟陛下再發哀痛之詔，立興問罪之師，請自中外諸臣之不職者始。」未幾，宗周予告去。

遣太監王肇基督催閩、浙金花銀兩。肇基原名坤。

上崇禎帝謚曰思宗烈皇帝，周皇后曰孝節皇后。既易「思」爲「毅」。

追尊建文君爲惠宗讓皇帝，景泰爲代宗景皇帝。復懿文太子爲興宗孝康皇帝。尊皇考福恭王爲恭皇帝，尋改孝皇帝，立專廟。

削温體仁文忠謚，允禮部尚書顧錫疇請也。未幾，錫疇以請削温謚奪職。

釋高牆罪宗七十五案。

予大學士文震孟謚文肅，劉一璟謚文端，賀逢聖謚文忠，禮部侍郎羅喻義謚文介，詹事姚希孟謚文毅，兵部尚書呂維祺謚忠節，山西巡撫蔡懋德謚忠襄，隨州知州王燾謚忠愍。懋德謚尋奪。

吏科馬嘉植疏陳立國本事：一改葬梓宫，一迎養國母，一訪求東宫、二王，一祭告燕山陵寢。

命總兵王之綱迎太妃於河南郭守義家。洛陽之變，太妃與妃各依人自活，至是迎之。隨諭工部於三日内搜括萬金，以充賞賜。

御史祁彪佳請禁革詔獄、緝事、廷杖三弊政。時議復廠衛，人心皇皇，故彪佳言之。户科給事中吴适亦言：「先帝十七年憂勤，曾無失德，止有廠衛一節，未免府怨臣民。陛下試思先朝之何以失，即知今日之何以得。」疏入，俱不省。

八月，以逆案原任光禄卿阮大鋮爲兵部右侍郎。未幾，轉左。於是太僕少卿楊維垣、徐景濂，給事中虞廷陛、郭如闇，御史周昌晉、陳以瑞、徐復陽，編修吴孔嘉，參政虞大復輩，皆相繼起用。

命錦衣都督馮可宗遣役緝事。禮科給事中袁彭年言：「相傳文皇帝十八年始設東廠，然不見正史。嗣後一盛於成化，西厰汪直踰年卽罷。再盛於正德，逆瑾煽虐，天下騷然。三盛於天啟，逆魏之禍幾危社稷。頃先帝亦嘗任厰衛緝訪矣，乃當世遂無不營而得之官，中外自有不脛而走之賄。厰衛之盛衰關世運之治亂，不可不革。」疏入，謫浙江按察使照磨。

詔選宮女及内員，廷臣交章諫，不聽。

九月，予北京殉難諸臣謚，大學士范景文文貞，户部尚書倪元璐文正，左都御史李邦華文忠，副都御史施邦曜忠介，戎政侍郎王家彦忠端，刑部侍郎孟兆祥忠貞，大理寺卿凌義渠忠清，太常寺卿吴麟徵忠節，庶子周鳳翔文節，諭德馬世奇文忠，中允劉理順文正，簡討汪偉文烈，太僕寺寺丞申佳胤節愍，給事中吴甘來忠節，御史陳良謨恭愍，陳純德恭節，王章忠烈，吏部員外許直忠節，兵部主事成德忠毅，金鉉忠節，觀政進士孟章明節愍，立祠賜名旌忠；勳戚惠安伯張慶臻忠武，襄城伯李國楨貞武，新樂侯劉文炳忠壯，左都督劉文耀忠果，駙馬都尉鞏永固貞愍；太監王承恩、王之心忠愍，李鳳翔恭壯；大同巡撫衛景瑗忠毅，宣府巡撫朱之馮忠壯，總兵吴襄忠壯，周遇吉忠武，補予大學士孫承宗文忠，太常少卿鹿善繼忠節。

工部主事王鍾彦、經歷施溥、中書舍人宋天顯各予祭葬。

開納貢助工例。

十月朔，命鑄弘光錢。

以楊維垣爲通政使。維垣亟謀起官，禮部尚書錢謙益力薦之。謙益，東林領袖，至是附和馬、阮，爲天下所笑。明年二月，維垣進左副都御史。

修興寧宫慈禧殿。時廟門告災，鳳陽祖陵一日三震，而王荒酒漁色，工費無度，識者知其不堪旦夕矣。

十一月，補予大學士孔貞運謚文忠，薊遼總督吴阿衡忠毅，簡討胡守恒文節。

二年乙酉，正月元旦，日有食之。

重刊要典。楊維垣既任事，追論三案，力詆王之寀、楊漣等，而爲劉廷元、霍維華等訟冤，請重定欽案。章下吏部，尚書張捷力稱維華等忠，請表章三案諸臣，追賜卹典。贈廕祭葬謚全者，霍維華、劉廷元、吕純如、楊所修、徐紹吉、徐景濂等六人；贈廕祭葬不予謚者，徐大化、范濟世等二人；贈祭葬者，徐揚先、劉廷宣、岳駿聲等三人；復官不賜卹者，王紹徽、徐兆魁、喬應甲等三人。他若王德完、黄克纘、王永光、章光岳、許鼎臣、徐卿伯、陸澄源等，雖名不麗於逆案，而爲清論所不予者，亦賜卹有差。唐世濟、楊兆升等復起用。袁洪勳請追論焚要典諸臣罪。寧南侯左良玉、江督袁繼咸皆言要典不必重頒，不聽。

二月，禁宗室入京師。

阮大鋮進本部尚書，兼右副都御史，仍閱江防。

予吏部侍郎顧起元謚文莊，都督劉源清謚武節。

四月，從逆光時亨、周鍾、武愫伏誅。本兵張縉彦首從賊，仍授原官，總督河北、山西、河南軍務。其他大僚降賊者，賄入，輒復原官。

五月，大兵渡江，王奔蕪湖。十五日，大兵追至蕪湖，執王北去。丙戌五月，賜死。

唐王名聿鍵，端王碩熿孫。父器墭，先死。聿鍵於崇禎五年嗣立，後因率兵勤王，擅離南陽，錮高牆。會赦，出。南都勿守，總兵鄭彩、鄭鴻逵撤師回閩，適王自河南來，因奉之，至福州，與福建巡撫張肯堂、巡按御史吴春枝、在籍禮部尚書黄道周、南安伯鄭芝龍等會議，立王監國。鴻逵請正位，不然無以壓衆心。諸臣以監國名正，候出關建號未遲。李長倩有「急出關，緩正位，示監國無富天下心」一疏。而擁立者艷推戴功，不數日，即定議僭即位於福州，時順治乙酉閏六月十五日也。改福州爲天興府，以布政司署爲行宫，大赦，僭改元隆武。

以張肯堂爲吏部尚書，李長倩爲户部尚書，曹學佺爲禮部尚書，吴春枝爲兵部尚書，周應期爲刑部尚書，鄭瑄爲工部尚書。八閩俱設巡撫。

起蔣德璟、黃景昉、黃道周、蘇觀生、何楷、陳洪謐、林欲楫、朱繼祚、黃鳴俊皆爲大學士。曾櫻、何吾騶、郭維經、葉廷桂以次至閩，皆令入閣辦事，閣臣至三十餘人，然不令票旨，皆王親爲之。

封鄭芝龍爲平鹵侯，鄭鴻逵爲定西侯，鄭芝豹爲澄濟伯，鄭彩爲永勝伯，戰守機宜悉芝龍爲政。於是集議戰守兵，自仙霞關而外，宜守者一百七十處，計兵十萬，戰兵如之。合閩、浙、兩粵之餉不足供兵食，乃令撫按以下捐俸助餉。官助之外有紳助，紳助之外有大户助，借徵錢糧，大鬻官爵。王屢責芝龍出師，於是議兵一出浙東，一出江西，然每云餉乏，終無一兵出關也。

改庶吉士爲庶萃士。

十月，曾妃至。妃警敏，頗知書，每羣臣奏事，妃於屏後聽之，共決進止，王頗嚴憚焉。

順治三年丙戌正月，王以鄭鴻逵爲大元帥出浙東，鄭彩爲副元帥出江西。既出關，不行，未幾稱餉絶而還。

命黃道周督師出江西。道周憤鄭氏無出師意，乃請募兵江西，王給空劄百函，持一月糧以行。道周出衢州，至婺源，爲我兵所擒，死之。

蔣德璟疏請行闕，遂告病去。

二月，王親征，駐建寧，楚撫何騰蛟、江右楊廷麟皆有疏來迎，王欲往江右，芝龍固請還師，乃駐劍津。

王子生，大赦。

六月，鄭芝龍還安平。八月，王決計赴贛，二十一日起行，二十四日抵順昌。大兵追及，獲之，與曾妃同斬於汀州。

永明王名由榔，桂王常瀛少子，神宗孫。初封衡陽，張獻忠陷衡州，桂王避於梧州。乙酉，王薨於梧。丙戌，唐王死，兩廣總督丁魁楚與廣西巡撫瞿式耜會議監國。閣學兵部尚書呂大器、原任兵部尚書李永茂俱至。以丙戌十月十四日稱監國，十一月僭即位，改元永曆，以肇慶府署爲行宫。

以丁魁楚、吕大器爲大學士，魁楚兼戎政，大器兼中樞。未幾，大器辭入蜀。

追謚唐藩曰思文。

以王肇基爲司禮太監，遂擅朝政。於是户部郎中周鼎瀚内批予給事中，兵部侍郎王化澄内批予尚書，廷臣争之，不聽。

李永茂去，以疏薦劉湘客，王肇基持之，被斥故也。

以朱治澗爲兩廣總督，守肇慶。

順治四年丁亥二月，以瞿式耜、嚴起恒爲東閣大學士，以錦衣指揮馬吉翔掌絲綸房事，同票擬。

三月，進式耜文淵閣大學士兼吏兵兩部尚書，守桂林。

五年戊子四月，王子生，大赦。

召舊輔何吾騶、黄士俊爲東閣大學士。

六年己丑冬十月，封黔鎮皮熊爲匡國公，播鎮王祥爲忠國公，防滇寇也。

七年庚寅春正月，王奔梧州，留馬吉翔、李元胤守肇慶。

二月，下都御史袁彭年、少詹事劉湘客、給事中丁時魁、金堡、蒙正發詔獄。彭年以反正功免議，堡與時魁並謫戍，湘客、正發贖配追贓。時朝士各樹黨，從李成棟至者，袁彭年、曹曄、耿獻忠、洪天擢、潘曾緯、毛毓祥、李綺，自誇反正；從廣西扈行者，朱天麟、嚴起恒、王化澄、晏清、吴貞毓、吴其雷、洪士彭、雷得復、尹三聘、許兆進、張孝起，自恃舊臣。久之，復分吴、楚兩黨。主吴者，天麟、孝起、貞毓、李用楫、堵胤錫、王化澄、萬翺、程源、郭之奇，皆内倚馬吉翔，外結陳邦傳；主楚者，袁彭年、丁時魁、蒙正發、劉湘客、金堡，皆外結瞿式耜，內倚李元胤。元胤，成棟子也，彭年等附之，時號「五虎」。於是互相攻擊無虚日。王知羣臣水火，令盟於太廟。然黨結益固，不可解，堡尤恃彊，化澄、吾騶相繼排去。貞毓等欲排之，而畏元胤，不敢發。是春，王赴梧州，元胤留肇慶，邦傳率兵援廣州，貞毓乃合御史程源等十四人共擊之。

八年辛卯春二月，孫可望遣賀九義殺大學士嚴起恒，追殺督師兵部尚書楊鼎和於崑崙關，并殺給事中劉堯珍、吴霖、張載述等，並執閣學楊畏知以歸，殺之。

以吴貞毓爲東閣大學士。

九年壬辰二月，孫可望遷王於安隆所，改隆爲隆，升所爲府，後復改爲安龍。

十年癸巳二月，王使林青陽於李定國，約來迎也。

十一年甲午三月，孫可望遣鄭國、王愛秀至安隆，殺大學士吴貞毓及張鐫等十八人，并議廢后，后泣訴於王，乃止。

十三年丙申，孫可望自置內閣、六部等官，以文安之爲東閣大學士，安之走川東。

李定國護王遷雲南。

十六年己亥，王入緬。

十月，從官請造庚子曆，從之

十八年辛丑，緬人執王，歸於王師。

四鎮

崇禎甲申，封黄得功爲靖南伯。福王僭立，進侯，令駐儀真。命總兵劉澤清爲東平伯，駐廬州。總兵高傑爲興平伯，駐瓜州。總兵劉良佐爲廣昌伯，駐臨淮。大學士史可法開府揚州，兼督其師。

得功，榆林衞人，素忠勇，醉後運雙刀如飛，每戰血漬手腕，以水濡之，久乃得脱，軍中呼黄闖子。建功河北，與良玉先得封。傑本闖賊部將，竊自成妻邢氏來歸，積功至總兵。京城陷，傑南走。福王設鎮淮上，諸將皆欲得揚州，而傑先至揚。民畏傑淫毒，不納，傑遂攻城，掠婦女。可法議以瓜州予傑，乃止。九月，移鎮徐泗，而家屬寓揚。得功故守廬州，可法慮傑難制，乃移得功儀真相牽制。傑死後，得功乃駐廬州也。時東萊總兵黄蜚將之任，蜚與得功稱兄弟，得功聞其將至，率騎三百，迎之高郵。傑疑得功圖己，潛帥精卒伏道中。得功至土橋，方作食，伏起。得功出不意，舉鐵鞭走，飛矢雨集，馬踣，騰他騎馳。有驍將舞槊直前取得功，得功反鬭，挾其槊而挟之，復殺數十人，聲咆哮如雷，躍入頹垣中，乃免。所隨三百人無一存者，而儀真兵將亦被傑刦，殺傷過半。得功大忿恨，歸訴於朝，願與傑決死戰，可法命萬元吉和解之。適得功值母喪，可法命傑以千金爲賻，乃止。

傑以得功事解，感可法，與謀恢復，請調得功、澤清赴邳、宿，而自提兵趨歸、開，且瞰宛、洛、荆、襄，以爲根本。可法壯之，然揣知得功必不爲傑後繼，故不調，仍駐儀真。傑復具疏言：「目今大勢，守江北以保江南，人人言之。然從曹、單渡，則黄河無險；自潁、歸入，則鳳、泗可虞，猶曰有長江天塹在耳。若何而據上游，若何而防海道，豈止瓜、儀、浦、采爲江南門户已耶？伏乞和盤打算，定期速行，中興大業庶有可觀。」隨發總兵李朝雲赴泗州，參將蔣應雄、許占魁、郭茂榮、李玉赴徐州防守。八月，可法巡淮安閱澤清軍，隨具疏請餉爲進取計。九月，巡儀真閱得功軍。十月，聞自成敗還陝西，傑卽率兵進。可法赴清江浦，遣官屯田開封，爲經略中原根本。時諸將各分汛地，自王家營至宿遷，最衝要，可法自任之。

十月，王師致書可法，以「春秋之義，有賊不討，則故君不得安葬，新君不得卽位。今聞有僭號江南者，棄恩忘仇，將謂長江天塹，北軍不能飛渡耶？夫以中華全力，受制潢池，而欲以江左一隅，抗衡大國，勝負之數，不待蓍龜矣。諸君子果識時知命，厚愛賢王，宜勸令削號歸藩，永綏福位」。可法答書言：「有賊未討，新君不得卽位，乃不忍死其君者之説耳。若夫天下共主，身殉社稷，青宫皇子，慘變非常，而拘牽不卽位之説，坐昧大一統之義，中原鼎沸，倉卒出師，將何以維繫人心，號召忠義？紫陽綱目踵事春秋，其間如光武、昭烈、晉元、宋高，皆於國仇未報之日，亟正位號，綱目未嘗斥爲自立。」又言：「契丹和宋，多輸金帛，回紇助唐，不利土地，況貴國篤念世好，兵以義動。今賊未伏天誅，捲土西秦，方圖報復，此不獨本朝不共戴天之仇，亦貴國除惡未盡之慮。伏祈合師進討，問罪秦中。至於牛耳之盟，本朝使臣久已盈道。」

十一月，我兵入宿遷，可法令劉肇基、李棲鳳禦之。未幾，大兵圍邳州，肇基援之，相持半月而解。

十三日，傑至徐州，遺書大軍，約同滅闖賊。大軍回言：「同滅闖賊，其事不合與予言。」且勸其棄暗投明，擇主而事。我副將唐起龍父唐虞時亦致書於傑，勸之早降，有「大王小侯，世世茅土」之語。傑並不從，乃沿河築牆，專力備禦。又具疏請以重兵駐歸、洛，聯絡河南總兵許定國，以奠中原。且以銀幣貽定國，與結好。時聞我豫王將由孟縣過河，河南撫鎮接踵告警。傑遺書澤清，言「彼軍若一越渡，則長江迤北盡爲戰場，時事至此，令人應接不暇。」澤清以聞，馬士英疏稱「清兵雖屯河北，然賊勢尚張，不無後慮，豈遂投鞭問渡乎？況彊弱何常，赤壁三萬，淝水八千，惟在諸將刻厲之而已」。時陳洪範奉使燕都還，亦言「清兵萬分緊急。」士英惡之，曰：「有四鎮在，何慮！」大兵至夏鎮，別由濟寧南下，一從雒陽攻海州，圍鄧州。可法、傑、澤清各具疏告急，不應。十二月，大兵下邳、宿，可法飛章報聞，不應。

乙酉正月，傑抵歸德，約定國同事。時定國駐睢，有言其送子渡河者。傑遣人邀定國，不至。傑因邀巡撫越其傑、巡按陳潛夫同赴睢，定國郊迎。其傑諷傑勿入城，勿聽。十三日，傑兵已盡發開封戍守，且邀定國去睢。是夜，定國享傑，傑醉，微言及送子事，定國大疑。傑既卧，傳炮大呼，衆擁傑至定國所，殺之。其傑、潛夫遁。明日，傑部回睢攻城，老弱無(子)〔孑〕遺。定國來降於王師。傑爲人淫毒，揚民聞其死，皆相賀。然是行也，進取之志甚鋭，故時有惜之者。可法聞傑死，急如徐州，爲請卹於朝。王贈傑太子太保，許其子元爵世襲，再蔭一子錦衣百户，而以傑部李本身爲左都督，領傑兵，提督本鎮，赴歸德。本身，傑甥也，故使之，後亦來降於王師。得功聞傑死，引兵襲揚州，將盡殺其妻子以復焉。可法急遣同知曲從直解之，乃去。可法尋歸揚州。

三月，大兵入儀封，破歸、睢，進逼江北，直下徐、潁。

四月，左良玉以清君側爲辭，提兵下九江，急調得功、良佐禦之。澤清亦托名勤王，大掠而東。可法連疏告警，王曰：「上游急則赴上游，北兵急則赴北兵，自是長策。」可法曰：「上游不過欲除君側之奸，原不敢與君父爲難。若北兵一至，宗社可虞，不審輔臣何意朦蔽若督王永吉亦言：「徐鎮勢不能存，何以保江北？」俱不應。大兵渡淮，人情鼎沸。工科給事中吴希哲亦言「淮揚亟應備禦」。王謂士英：「良玉雖不該逼南京，然看他本上原不曾反，如今還該守淮揚。」士英厲聲曰：「此皆良玉死黨爲遊說，不可聽。寧可君臣同死於清，不可死於左良玉手，有異議者斬！」王嘿然。

二十日，大兵屯斑竹園，總兵李棲鳳、監軍副使高岐鳳欲劫可法出降，可法叱之，二人遂拔營來歸。

二十四日，大兵薄城下。時諸將惟肇基自白洋河以兵四千至，請乘清兵未集，背城一戰，可法不可而止。可法血疏告急，不報。劉澤清通欵我朝，我朝惡其反覆，磔誅之。

二十五日，大兵攻城，砲發，城牆敵樓頃刻崩陷。城破，可法自刎不死，參將某擁之出小東門，遂被執。諭降不從，殺之。肇基率所部巷戰，一軍盡殁。副將乙邦才、馬應魁、莊子固、樓挺、江雲龍、李豫，副旗鼓參將陶國祚，内左營參將許謹，内右營參將馮國用，前營參將陳光玉、李隆、徐純仁，遊擊李大忠、孫聞忠，都司姚懷龍、解學曾等，皆力戰死。兵部職方主事何剛入城甫一日，而城破，投井死。原任兵部尚書張伯鯨被數創死，妻楊氏、子婦郝氏從之。時得功破左兵於銅陵，收軍屯蕪湖。

五月八日，大兵抵江滸，京口水師總兵鄭鴻逵、鄭彩及僉事楊文驄等督兵守江。我軍用大礮擊江南軍，每砲發，江水湧激高數丈。二鄭帥先遁，文驄亦逃。八日昧爽，烟霧蔽江，乃縛芻置木筏上，順流下，以紿京口兵，而大軍潛從龍潭、竹峭渡。

十日，士英猶有長江天塹之對。十一日，大兵薄都城，士英奉王母妃率先遁，城中無一卒禦敵者。王荒宴至夜半，乃奔蕪湖。都城破，勳臣自趙之龍、湯國祚，文臣自王鐸、錢謙益以下，文武數百員，軍士二十三萬，俱迎降。吏部尚書張捷、刑部尚書高倬死之。庶僚同死者，則有楊維垣、黃端伯、劉成治，雜流諸生殉難者，則有陳於偕、吳可箕、黃金璽、陳士達。六合則有諸生馬純仁抱石投水死。如皋則有布衣許德溥刺字於胸，曰「不愧本朝」，又刺字於臂，曰「生爲明人，死爲明鬼」，遂被逮殺之。邳州則有監生王台輔自縊死。王至得功軍，得功驚泣曰：「王死守都城，各鎮尚可合兵以圖興復，柰何聽奸臣言先出乎？」

大兵追王，十五日及於蕪湖，得功戰於荻港。時良佐已降於我，卽陣上招得功，得功叱之。降將張天祿從良佐後射得功，中喉偏左。得功知不可爲，擲刀，拾所拔箭刺喉以死。其妻聞之，亦自經也。總兵翁之琪投江死，中軍田雄挾王出降。

兩案

順治二年乙酉二月，鴻臚寺少卿高夢箕密奏，先帝太子在浙。初，甲申之變，太監栗宗周、王之俊以太子、二王獻於李賊，賊幽之劉宗敏所，至是南來。左良玉疏稱，吴三桂寔有明驗，今不可考。

三月初一日，命太監李繼周往浙召至，寓僧寺，令内員迎入宫，内員報不寔。尋命移寓錦衣衛都督馮可宗家，傳文武官識認。大學士王鐸指原任講官方拱乾問曰：「此何人？」對曰：「方先生。」而講官劉正宗趨上，不識也。又問：「先帝親鞫吴昌時，時東宫立何地？」不能對。於是給事中戴英直詰其僞，授以紙筆，供稱：「高陽人王之明，係駙馬都尉王昺姪孫，家破南奔，遇高夢箕家人穆虎，教以詐冒東宫。」王鐸等回奏，遂敕法司根究。御史陳以瑞奏：「愚民觀聽易惑，將謂諸臣有意傾先帝血嗣，請勿加刑。」時有内員上密疏於王，王令持示士英。士英言：「細閲密疏，其言雖似，疑處寔多。既爲東宫，幸脱虎口，不即到官説明，却走紹興，可疑一也。東宫厚質凝重，此人機辨百出，可疑二也。公主現養周奎家，而云已死，可疑三也。臣愚宜付法司窮究主使，與臣民共見而棄之。」

越三日，鞫於午門外，夢箕、穆虎皆具服，下刑獄。士英欲並傾姜、黄，令法司究主使附逆者。寧南侯左良玉具疏言：「東宮之來，吳三桂寔有明驗。朝廷諸臣但知逢君，不顧大體。前者李賊逆亂，尚錫王封，何至一家視同仇敵？明知窮究必無別情，必欲展轉誅求，遂使陛下忘屋(鳥)〔烏〕之德，臣下絕委裘之義，親親而仁民，願陛下省之。」靖南侯黃得功言：「東宮之來，何人定爲奸僞？先帝之子，卽陛下之子，未有不明不白付之刑獄，人臣之義謂何？在廷諸臣，諂狗者多，抗顏者少，卽使明白識認，誰敢出頭取禍乎？」廣昌伯劉良佐言：「王之明、童氏兩案，未協輿論，懇求曲全兩朝彝倫，毋貽天下後世口寔。」湖撫何騰蛟言：「太子到南，何人奏聞？何人物色取召至京？馬士英何以獨知其僞？既是王昺姪孫，何人舉發？內官、公侯多北來之人，何無一人確認，而泛云自供？高夢箕前後兩疏，何不發抄？此事關天下萬世是非，何可不慎。」江督袁繼咸言：「太子移氣移體，必非外閒兒童所能假襲。王昺原係巨族，高陽未聞屠害，豈無父兄羣從，何以隻身流轉到南？望陛下勿信偏辭，使一人免向隅之泣，則宇宙享蕩平之福矣。」各疏上，王惟以王之明自供甚明，將審明節略諭之而已。

四月，左良玉稱奉太子密旨，舉兵南下，至九江。江督袁繼咸請赦太子以止之，王切責，不聽。

五月十一日，王師薄南都，王奔，南都士民出太子於獄，奉之監國。十四日，同趙之龍出降，北去。

順治二年乙酉三月十三日，福王故妃童氏自越其傑所至，命付錦衣衛監候。氏故周府宮人，洛陽破，氏逃至尉氏縣，與王遇於旅邸，相依生一子。王之南也，妃與太妃各散不相顧。已，迎太妃於河南，陳潛夫奏妃故在，王勿召。至是，自其傑所至，王益不悦。劉良佐言，童氏必非假冒，馬士英亦言：「苟非至情所關，誰敢與陛下爲敵體？」王終不應，命馮可宗鞫之。氏細書入宮年月，及相離情事甚悉，求可宗呈覽。王棄勿視。可宗亦辭勿審，改命屈尚忠嚴刑拷掠，氏號呼詛駡，尋死獄中。

馬阮之奸

順治元年甲申五月，福王僭立於江南，進馬士英東閣大學士，仍督師鳳陽。士英大怒，陰令劉澤清、高傑疏趣史可法督師淮揚。可法出，士英遂入閣，兼掌兵部事。

八月，中旨傳陞張有譽爲户部尚書。時欲起用阮大鋮，故先以清望傳陞有譽。吏部尚書張慎言罷。士英慮慎言秉銓，大鋮終不能起，乃令劉孔昭、湯國祚、趙之龍等攻去之。

馬士英奏薦逆案阮大鋮以知兵，賜冠帶陛見。初，大鋮被斥，居江寧，與士英及守備太監韓贊周深相結。福王僭立，贊周屢稱大鋮才，王固已心識之。及士英以邊才薦，遂命陛見。高弘圖請下九卿會議，士英曰：「會議則大鋮必不得用。」弘圖曰：「臣非阻大鋮，舊制，京堂必會議。」姜曰廣亦如弘圖言。士英遂言：「魏忠賢之逆，非闖賊可比。弘圖、曰廣於己所愛者，卽曰先帝無成心；於己所惡者，卽曰成案不可翻，欺罔莫甚於是。」於是劉宗周言：「祖宗故事，九列大僚必用廷推。」郭維經言：「案成先帝之手，今將此案抹殺，起用大鋮，赫赫英靈，恐有餘恫。」羅萬象言：「輔臣薦用大鋮，或以愧世無知兵者，然大鋮寔未知兵。」詹兆恒言：「先帝異變，百姓莫不洒血搥胸。近聞燕齊之間，士紳皆白衣冠，聚兵以圖復仇。一旦忽翻前案，召用大鋮，豈不上傷在天之靈，下短忠義之氣？」呂大器、熊汝霖、萬元吉、陳良弼、王孫蕃、左光先、尹民興等各疏力爭。於是士英爲大鋮奏辨，力攻曰廣、大器等。月餘，遂以中旨授兵部添註右侍郎。

湖廣巡按御史黃澍入賀，面糾士英奸貪不法，且言嘗受獻賊僞兵部尚書周文江賄，罪當斬。承天守備太監何志孔復前助澍。士英跪乞處分，澍直前舉笏擊其背。士英佯稱疾，而陰賂内閹田成、張執中等，言：「王非士英不得立，今逐之，是背舊恩也。且士英在閣，主上可以優閒；士英若去，誰復有念主上者？」王遂諭留士英。澍連上十疏，稱自古未有奸臣在朝，而將帥能立功於外者。又言：「自魏璫竊窺神器以來，寔釀今禍。附逆之人與薦逆之人，皆有賊心，乞懸諸日月，以除魍魎。」王不聽，諭澍還楚。

十月，以逆案楊維垣爲通政使。

鎮國中尉、候考吏部朱統鑽疏糾姜曰廣，詞連史可法、呂大器等。禮科給事中袁彭年疏言：「中尉有奏請，先啟親王參詳可否，然後給批賫奏。若候考吏部，則與外吏等，應從通政司封進。今何徑何竇，直達御前？宜加禁戢。」通政使劉士楨言：「曰廣勁骨戇性，守正不阿，居鄉立朝，皆有公論。統鑽何人？不由職司，飛章越奏，此真奸險之尤，豈可容於聖世！」皆不聽。先是，呂大器詰奏士英賣官鬻爵，敗法亂紀諸罪，而曰廣事事與士英爲忤，故士英授意詰之。大器予告去，曰廣降調，而換授統鑽爲行人。

內批予封疆失事太監孫呈琇原官，章正宸疏爭，不聽。

御史祁彪佳論詔獄、廷杖、緝事三大弊，票擬革禁發改。高弘圖言：「票擬發改，不審內廷何人主持，使正論不容若此。」王切責弘圖，尋予告去。

內傳以張捷爲吏部尚書。

例轉科道陸朗爲僉事，黃耳鼎爲副使，內批留用。

加翼戴恩，進士英太子太師、廕錦衣衛指揮僉事。九月，敘江北功，加少傅，兼太子太師、建極殿大學士。十二月，以南臨恩，進少師。明年二月，敘殿工恩，進太保。

罷浙江巡撫黄鳴俊，降調浙江巡按任天成，以許都餘黨復叛故也。並議前任巡按左光先罪。光先係光斗弟，與大鋮世仇，又首劾士英、大鋮，故借事陷之。蘇松巡撫祁彪佳言：「許都之變，寔發於東陽，義烏、浦江皆無堅城。光先事竣出境，聞變復還，調兵措餉，宵夜經營。變起不一月，元兇授首。既不録其功，豈可反以激變罪之乎？」於是士英、大鋮並恨彪佳，遂嗾御史張孫振論其奸貪，罷之。

起越其傑巡撫東萊。其傑以貪遣戍，以士英妹婿起用。

召降獻賊劉僑至京補原官。僑以玉杯古玩進張獻忠，即用爲錦衣都督。左良玉恢蘄、黄，僑削髮逃去。士英納僑賄，遂復原官。

士英請免府州縣童生應試，分上中下户納銀若干，即赴院試。又行納貢助工等例。於是民間有「掃盡江南金，填塞馬家口」之謡。

布衣何光顯上疏請誅士英。詔戮於市，籍其家。

以楚宗朱盛濃爲池州府推官。盛濃疏劾御史黄澍毁制辱宗，貪贓激變，故士英擢之，立命逮澍。江督袁繼咸代爲申理，乃止。澍匿左良玉軍中，良玉由是有隙。

二年乙酉二月，以阮大鋮爲兵部尚書，賜蟒服。大鋮雖長兵部，專職江防，軍事一切不問。引所善蔡琛、唐世濟、張孫振、袁宏勳等，布列要路，撓六部權。任劉應賓文選，濁亂銓政。擢私人林有本、王錫袞等二十餘人爲給事御史。江督袁繼咸薦鄧林奇爲總兵，大鋮索賄既足，始給敕印。自丁隸役賄至，立躋大帥，時有「職方賤如狗，都督滿街走」之謡。

賜中書舍人林翹一品武銜。翹善星術，決士英必大用。士英薦授中書舍人，尋躐一品武銜，蟒服趨事。

以被勘杭州府推官黄端伯爲禮部主事。端伯入京，稱姜曰廣逆謀有狀，故有是擢。

以楊維垣爲左副都御史。大鋮得志，專務報復，與維垣謀，盡殺東林、復社諸人。時有狂僧大慧，出語不類，爲總督京營戎政趙之龍所獲，下詔獄。大鋮因與維垣及張孫振謀，令引諸人擁潞王，則一網可盡。因造十八羅漢、五十三參之目，海内人望無不備列，納之大慧袖中。大獄將興，會上游告急而止。

倉場尚書賀世壽、僉都御史郭維經告病去，大鋮密遣人刦之江中。

殺禮部主事周鑣、原任武惠道雷縯祚。鑣，鍾從兄，以附東林，而縯祚與大鋮有隙，因於從逆案内奏二人宜連坐，遂殺之。

四月初一日，命各衙門印文盡去「南京」二字。禮部管紹寧印被竊，謀於士英，因請於王，各衙門俱改鑄另給。

初四日，寧南侯左良玉舉兵東下，馳疏云：「竊見逆賊馬士英出自苗種，性本凶頑。臣身在行閒，無日不聞其罪狀，無人不恨其奸邪。先帝皇太子至京，道路洶傳，陛下屢發矜慈，士英以真爲假，必欲置之於死而後快。臣前兩疏，望陛下從容審處，猶冀士英夜氣稍存，亦當剔腸悔過，以存先帝一綫。不意奸謀日甚一日，臣自此不與奸賊共天日矣。臣已提師在途，將士裂目指髮，人人思食其肉。臣恐百萬之衆，發而難收，震驚宮闕，且聲其罪狀，正告陛下，仰祈剛斷，與天下共棄之。自先帝之變，人人號泣，士英利災擅權，事事與先帝爲難。欽案先帝手定者，士英首翻之；要典先帝手焚者，士英修復之。思宗改謚，明示先帝不足思，以絶天下報仇雪恥之心，罪不容於死者一也。國家提衡文武，全恃名器鼓舞人心。自賊臣竊柄以來，賣官鬻爵，殆無虛日，都門有『職方賤如狗，都督滿街走』之謡。如越其傑以貪罪遣戍，不一年而立陞巡撫；張孫振以贓汚絞犯，不數月而夤緣僕少；袁洪勳與張道濬皆詔獄論罪者也，借起廢竟復原官；如楊文驄、劉泌、王燧、黄鼎、趙書辦等，或行同犬彘，或罪等叛逆，皆用之於當路。凡此之類，直以千計，罪不容於死者二也。閣臣司票擬，政事歸六部，至於兵柄，尤不得兼握。士英已爲首輔，猶復掌樞，是弁髦太祖法度。且又引其腹心阮大鋮爲添註尚書，以濟其篡逆之謀。兩子梟獍，各操重兵以爲呼應，司馬昭復見於今日，罪不容於死者三也。陛下選立中宮，典禮攸關，士英居爲奇貨，先擇其尤者，以充下陳，罪通於天。而又私買歌女，寄養阮大鋮家，希圖進選，計亂中宮，陰謀叵測，罪不容於死者四也。陛下卽位之初，恭儉神明，士英百計誆惑，進優童艷女，損傷盛德，每對人言，惡則歸君，罪不容於死者五也。國家遭此大難，須寬仁慈愛，以收人心。士英自引用阮大鋮以來，睚眦殺人，如雷縝祚、周鑣等，煅煉周内，株連蔓引。尤其甚者，借題三案，深埋陷穽，將生平不快意之人，一網打盡，令天下士民重足解體，罪不容於死者六也。九重秘密，豈臣子所敢言。士英遍布私人，凡陛下一言一動，無不窺視。又募死士，竄伏皇城，詭名禁軍，以觀陛下動静，曰廢立由我，罪不容於死者七也。率土碎心痛號者，先帝殉難，皇子猶存，前此定王之事，海内至今傳疑未已，況今皇太子授受分明，臣前疏已悉。士英乃與阮大鋮一手握定，不畏天道神明，不畏二祖列宗，不畏天下公議，不畏萬古綱常，忍以先帝已立七年之嗣君，爲四海謳歌訟獄所歸者，付之幽囚，天昏地慘，神人共憤。凡有血氣，皆欲寸磔士英、大鋮等，以謝先帝。此非臣之私言，諸將士之言也。非獨臣標將士之言，天下忠臣義士愚夫愚婦之公言也。伏乞陛下立將士英等肆諸市朝，傳首四方，用抒公憤。臣等束兵計刻以待，不禁大聲疾呼，激切以聞。」士英大懼，專理部事，不入直。左兵由九江、安慶至建德，順流而下。士英遣朱大典、阮大鋮、黄得功、劉孔昭等禦之，而撤劉良佐等以從。時大兵已過山東，狥徐州，下亳、泗，史可法血疏告急。大理少卿姚思孝、御史喬可聘、成友謙等皆言良玉非叛，請無撤江北兵。十九日，王諭士英：「左良玉雖不該興兵逼南京，然看他本上原不曾反叛，如今還該守淮揚，不可撤防江兵。」士英厲聲指諸臣言：「此皆良玉死黨爲遊說，其言不可聽。寧可君臣同死於(事)清，不可死於左良玉手，有異議者斬！」王嘿然。未幾，良玉死，左夢庚敗於采石。論功，晉〔大鋮〕太子太保。

五月，王師渡江，圍江寧，王奔蕪湖。士英以黔兵與大鋮奉太妃走浙江。兵至廣德州，知州趙景和言：「彼不奉王而奉太后，詐也。」閉門堅守。士英攻破之，殺景和。至紹興，紹人猶未知王存亡。原任九江僉事王思任因上疏言：「戰鬭之氣，必發於忠憤之心；忠憤之心，必發於廉恥之念。事至今日，人人無恥，在在不憤矣。所以然者，南都定位以來，從不曾真真寔寔講求報雪也。主上寬仁有餘，剛斷不足，心惑奸相馬士英爰立之功，將天下大計盡行交付。而士英公竊太阿，肆無忌憚，窺上之微而有以中之。上嗜飲則進醽醁，上悦色則獻妖淫，上喜音則進優鮑，上好玩則奉古董，以爲君逸臣勞。而以疆場擔子一肩卸與史可法，又心忌其成功，而決不照應之。每一出朝，招集無賴，賣官鬻爵，攫盡金錢，四方狐狗輩願出其門下者，得一望見，費至百金；得一登簿，費至千金。以至文選、職方，乘機打劫；巡撫、總督，見兑卽題，其餘編頭、修脚服錦横行者，不在話下矣。所以然者，士英獨掌朝綱，手握樞柄，知利而不知害，知存而不知亡，朝廷篤信之，以至於此也。兹事急矣，政本閣臣可以走乎？兵部尚書可以逃乎？不戰不守，而身擁重兵，口稱護太后之駕，則聖駕獨不當護耶？一味欺蒙，滿口謊説，英雄所以解體，豪傑所以灰心也。及今猶可呼號泣召之際，太后宜速趨上照臨出政，斷酒絶色，卧薪嘗膽，立斬士英之頭，傳示各省，以爲悮國欺君之戒。仍下哀痛罪己之詔，以昭悔悟，則四方之人心猶可復鼓。」又上書士英言：「閣下政本自由，兵權獨握，只知酒色逢君，門牆固黨，從不講戰守之備，以致乘輿播遷。謀國至此，卽喙長三尺，何以自解？以愚上計，莫若明水一盂，自刎以謝天下。若仍逍遥湖上，潦倒烟霞，效賈似道之故轍，千古笑齒已經冷絶。再不然如伯嚭渡江，則我越乃報仇雪恥之邦，非藏垢納汙之地，職當先赴胥濤，乞素車白馬以拒閣下。」至杭州，熊汝霖責士英當從王，士英無以應。杭州破，士英走錢塘。王師追躡之，斬其五百級。

魯王監國紹興，張國維首參士英誤國十大罪。士英懼，不敢入朝，而依方國安於嚴州。時大鋮投朱大典於金華，士民檄逐之，乃亦送於國安軍。未幾，王師復敗士英兵於餘姚，國安兵於富陽。已，士英率衆渡江，窺杭州，復大敗。

三年丙戌六月，王師渡錢塘江，士英、國安計劫魯王來獻，王脱去。阮大鋮同謝三賓、宋之晋、蘇壯等來降。

唐王僭立於福州，士英擁兵求入關。王以其罪大，不許。

八月，王師討湖賊吴易，並獲士英，詔俱斬之。而野史則云士英遁至台州，來降於王師。已，大兵執唐王於順昌，搜龍扛，得士英、大鋮及方國安父子、方逢年請駕出關爲内應疏，在已降後。大鋮方遊山，自投崖死，仍戮屍，斬士英等四人於延平城下，妻子給賜兵丁。

三藩紀事本末卷二

王師平南浙

順治二年乙酉五月二十日，王師抵鎮江，知府某、推官某、丹徒令某俱死之，巡撫霍達遁。狥常州、蘇州，下之。蘇州在籍諭德徐汧、舉人楊廷樞攜一女，俱赴水死。而野史則云廷樞留髮遁居芝塢，至丁亥始被執，書血衣以遺其孤，有「惜時命之不猶，未登朝而食祿。值中原之多難，遂蒙禍以捐生。其年則丁亥之歲，其日爲孟夏之終。方隱遁夫山塢，忽罹陷於羅網。雖云突如其來，亦已知之久矣。生平所學，至此方爲快然。千古爲昭，到底終爲不没。但因報國無能，懷忠未展，是人臣未竟之志，辜累朝所授之恩」等語。復賦絶命詩十二章。已，見土、巴二帥，不順命。十二月，斬於松陵之泗州橋上。太倉既下，諸生王湛與兄淳復舉兵圍城。兵敗，淳赴水死，湛没於陣。

六月，我貝勒留兵二千駐吴閶，大軍悉趨杭州，掠嘉興而過。時潞王常淓在杭，撫按請命，奉書迎降。錢塘知縣顧咸建、臨安知縣唐自綵俱被執，不順命，死。而嘉興士紳屠象美等復集兵據城守。大兵還攻，半月而破，在籍吏部尚書徐石麒死焉。

閏六月八日，我兵入吳淞。時吳淞副總兵吳志葵煽惑作亂，王師偵知，遂令偏將率兵二千入據之。

七月初四日，屠嘉定縣。在籍通政使侯峒曾死之。峒曾集衆守城，大兵攻之不能下，大雨城壞，遂入之。峒曾先驅二子元演、元潔沈後河，乃赴水死。邑人進士黄淳耀與弟淵耀對縊於城西僧舍。舉人張錫眉自經死，妾何抱女赴水死。秀水教諭董用圓與兄用廣赴水死。諸生馬元調、唐全昌、夏雲蛟俱死之，全昌妻亦從死。

七月初七日，屠崑山。崑丞閻茂才遣使迎降。崑民殺茂才，推原任狼山副總兵王佐才爲主，貢生朱集璜及周室瑜、陶琰、陳大任等共起兵據城，參將陳弘勛、原任知縣楊永言助之。大兵至，詭稱神武新詔至，城門啟，兵遂入。永言遁，佐才被執殺，集璜同門人孫道民、張謙投河死。室瑜與子朝鑛同死。室瑜妻諸被執，不辱死。朝鑛妻王自縊死。琰自縊死。大任與妻張、子思翰皆死之。時以守禦死者，蘇達道、莊萬程、陸世鎧、陸雲將、歸之甲、周復培、陸彦沖。代父死者，沈徵憲、朱國軾。救母死者徐洛，自盡者徐瀫、王在中、吳行貞。

八月初三日，屠松江府。兵部職方主事章簡、行人李待問死之。先是，在籍兩廣總督沈猶龍與義兵頭目蔡喬據城守。初三日，大兵下青浦，諜至，猶龍猶未信。日西晡，我兵詭稱黄蜚解奸細至，門啟，遂入。時城中已伏内應，兵乍入，城上悉改張大清旗幟。簡、待問俱被執，不順命，死。猶龍出奔，蔡喬遁入海。華亭教諭眭明永投繯死，御史夏允彝、諸生戴弘赴水死。徐念祖與妻張、妾、子女七人，闔門自縊死。允彝兄之旭、子完淳，後涉吴兆勝之難，之旭自縊，完淳被殺。先是，黄蜚兵多以青白布纏其首，大兵效之，潛於城中。至是去布，悉辮髮者。初六日，襲破黄蜚、吴志葵水師。蜚投水死，志葵乞降，不許，殺之。參志葵軍事嘉興舉人傅凝之投水死。

二十日，破金山衛，守將指揮使侯成祖及子士禄死之。松城破，總鎮李成棟以書招承祖，不應，厲志堅守，即妻子亦不令出城避難。二十日，大兵薄城，城上矢石雨下，兵不得乘。大兵以竹梯援城上，守城兵士用防牌蔽矢，隨登隨斫。既而西北備稍弛，乃以小舟壘城下，蟻附而登，城遂破。承祖及二子俱被執，長子士禄大罵，不順命，叢射死。成棟欲降承祖，承祖不從，戮之。成棟稱承祖爲江南第一忠臣，特宥其少子，令殮父屍歸葬。

破江陰，屠之。先是，六月中，諸生許用倡城守，應者數萬人，以陳明遇主兵，徽人邵康公爲將，前都司周瑞龍泊江口，相犄角。戰不利，乃請故典史閻應元入城主兵事。王師圍攻，堅守不下。八月二十一日，從祥符寺後城入，乃下。用、明遇舉家自焚死。應元赴水，曳出斬之。訓導馮厚敦冠帶自縊於明倫堂，娣與妻王赴井死。中書舍人戚勛、舉人夏維新、諸生王華、呂九韶皆死之。城中死者數萬人。時有貢生黃毓祺者，與徐趨起兵(竹)〔行〕塘，以應城內。城陷，兩人俱逸去。明年冬，偵江陰無備，率壯士十四人襲之，不克。趨被執，論死。毓祺又逸去，獲於江寧，臨刑，命取襲衣自斂，趺坐而逝。

十一月十三日，破崇明。先是，九月中，成棟督兵渡海攻崇明，不克，引還，至是入之。

初，我兵之下杭州也，王師散遣官吏，招撫浙東郡縣。其先後失事死者，杭州在籍同知王道焜投繯死，山陰在籍蘇松巡撫祁彪佳赴池水死，在籍左都御史(鄭)〔劉〕宗周不食死，行人陸培自縊死，海寧舉人祝淵投繯死。會稽諸生王毓蓍先遺宗周書云：「願先生早自決，無爲王炎午所弔。」隨自投柳橋河死。儒士潘集袖石自沈死。周卜年赴海死，明晨，海濤湧尸上，冠履不失。山陰朱瑞投江死。原任大學士高弘圖流寓紹興城外，不食死。而二年乙酉閏六月，起兵江北、徽州者，則有左僉都御史金聲。聲聞南都陷，集義於徽之績溪，分兵扼六嶺。在籍山東巡撫寧國丘祖德、職方郎中涇縣尹民興、徽州推官温璜、貴池副榜吳應箕等多應之。唐王授聲以僉都兼兵侍，總督諸道軍，拔旌德、寧國諸縣。九月，御史黃澍完髮來歸，聲信之，遂爲內應。城破，聲與門人江天一同就執，行至某所，天一笑謂聲曰：「一泓清絶，洵足怡人意。」欲聲同盡此也。聲曰：「丈夫死則死耳，當與天下共見之。」至江寧，內院洪承疇諭降，天一朗誦懷宗御祭承疇文以誚之，遂被戮，聲亦隨見殺，時丙戌三月十五日也。應箕亦被獲，見殺。祖德退還山中，大兵攻拔其寨，磔死。諸生麻三衡、沈壽蕘、吴太平、阮恒、阮善長、劉鼎甲、胡天球、馮百家及祖德子某，俱死之。璜猶嚴兵守郡城，城紳黄澍以城獻。璜先殺長女，語妻茅同難。茅匿其幼子，遂整衣卧。璜以刀截其喉，少頃，茅呼曰：「未也。」再刃，乃絶。璜自刎不殊，絶粒五日，以手抉其創乃死。祖德之死也，有徐淮者，與吴漢超收其潰軍，連破句容、溧水、高郵、溧陽、涇、太平諸縣。三年丙戌正月，襲寧國，兵敗，漢超入見曰：「首事者我也。」剖其腹，膽長三寸。妻戚投樓下死。同時舉兵先後被難者，有青陽知縣龐昌胤、溧陽諸生謝球、鹽城諸生司石磐、都司酆某之屬。

王師平閩

順治二年乙酉五月，我朝使内院洪承疇招撫江南，御史黄熙胤招撫福建。熙胤，晉江人，與鄭芝龍同里。芝龍密遣使通欵我朝，唐王每遣芝龍出兵，芝龍每以餉缺爲辭。

三年丙戌六月，王師平浙東，芝龍聞渡江信，遂撤守關兵。王師至仙霞嶺，關門無一守兵，無一敵兵，寂如也。遲回數日，從容過嶺。然我兵入閩，或由建，或由汀，或由福寧，俱走山谷間，不必仙霞也。

八月，大兵入建寧，至浦城，科臣黄大鵬、上游四郡巡撫鄭爲虹死之，爲虹僕陳龍從焉。

原任浦城千户張萬明及子都司張翹鸞、都督洪祖烈俱死之。爲虹故浦城知縣，王聞其賢，召爲御史，士民相率乞留，乃令以御史巡視仙霞關，尋擢巡撫。大兵至，爲虹亟還浦城，縱士民出走，遂與大鵬同被執以死。

初，王之在福州也，知芝龍不可恃，而楚撫何騰蛟、江右楊廷麟咸有疏迎，芝龍還安平，王遂赴贛。八月二十一日啟行，從延平趨汀州。王師尾之，破延平，知府王士和死之。士和，崇禎時舉人，王擢之守延平，警報疊至，士和曰：「我以書生，不一月忝二千石，安敢偷生！」遂投繯死。禮部尚書曹學佺、通政使馬思理自縊死。御營總兵胡上琛護王至(江)〔汀〕，王被執，上琛奔還福州，拜辭祖廟，與妾劉同飲藥死。給事中熊緯扈行至汀，死於兵。其後聞王被難而死者，太僕寺少卿王瑞柟自縊死，御史艾南英縊於僧舍。我貝勒駐福州，別遣李成棟、韓固山狥各州郡。

九月八日，入泉州，大學士蔣德璟絶食死。十五日下汀州，十九日下漳州，閩地悉平。惟芝龍屯安平，以前通欵之信未回，猶豫未敢迎師。又自以先撤關兵，無一矢相遺，有大功，而兩廣素屬部下，若招以自效，兩廣總督可得。貝勒令泉紳郭必昌招之，芝龍恐以立藩爲罪。會韓固山兵逼安東，芝龍怒，貝勒乃切責固山，令移軍而貽書芝龍曰：「我所以重將軍者，以能立唐藩也。人臣事君，必竭其力，力盡不勝天，則投明而事，建不世之功，此豪傑事也。今兩粤未平，鑄閩粤總督印以相待。」芝龍得書，大悦。子弟皆力諫，芝龍不從，進降表於泉州。十一月，芝龍至福州，見貝勒，握手甚懽，痛飲三日夜，遂挾芝龍北去。芝龍子成功入於海。

初，唐王之立也，以黄道周爲武英殿大學士，與芝龍不協。道周見芝龍無出師意，憤激，請督師出江西。乙酉七月，賫一月糧，從廣信抵衢州，募兵得九千人。十一月，進至婺源，遇王師，戰敗被獲。夫人蔡氏聞之，急貽書道周，言忠臣有國無家，勿以内顧爲念。丙戌三月，至江寧，洪承疇遣人諭降，道周不從命，乃斬之。與道周同事者，職方主事趙士超、通判毛玉潔、蔡春溶、毛繼謹俱死之。士超死尤烈。道周既死，門人陸自巖匿其元，并全身瘞之。越數年，夫人蔡氏令長子麑迎喪東歸，葬於贈公之側，士超等四人葬於道周之側。

金王收江西

順治乙酉四月，英王追闖賊至九江，寧南侯左良玉子夢庚率所部三十六營來降。王北旋，攜降將俱北，惟後營總兵金聲桓請於王，願收江省自效。王許之，乃命闖部降將王體忠合營屯潯，規進取。

六月，聲桓先遣牌招撫江西，巡撫曠昭故選懦，率先遁，士民送欵聲桓。十九日，聲桓入南昌，南康、九江不煩兵而下。而舊撫標將白之裔、鄧武泰駐袁、吉，以兵扼峽江，湖東分巡道王養正與布政夏萬亨、建昌知府王域、推官劉允浩、南昌推官史夏隆輔益藩起兵建昌。軍報旁午，聲桓令前營劉一鵬禦峽江，屬體忠備撫、建。

七月，體忠率兵下撫州，趨建昌。時有保寧王者，自河南來，好談兵，益藩倚信之，而私通於體忠。及戰，保寧從陣後以火箭傷象兵，遂敗。三日，城破，益藩被執殺，詳具益藩擾湖東。王養正等五人俱被執，械至南昌，殺之。養正妻張氏絕粒九日死。萬亨妻顧氏、子婦陸氏、一孫、一孫女同赴井死。夏隆自南昌來避，與其難者也。諸生鄧思銘被執不屈，叢射死。屬縣皆降。新昌舊知縣譚夢開迎降，爲縣民所殺。知縣李翔與監軍張家玉、御史徐伯昌共城守。家玉戰敗，入闗。城破，翔與伯昌死之。而一鵬亦破峽江兵，武泰死之。攻袁州，同知署府事李時興力城守。守將胡纓兵潰，時興自縊於萍鄉官舍。遂收吉安，長驅至萬安。萬安知縣梁於涘死之。

八月二十五日，聲桓矯殺體忠，以忠部將王得仁代。而是時益宗永寧王慈炎復舉兵克撫、建，屯兵進賢縣。既以糧不繼，退守撫州。聲桓令得仁率兵來争。時吏部文選司主事曾亨應者家臨汝，初同益藩起兵，益藩敗，復捐貲聚衆歸永寧。得仁夜率百騎潛至臨汝，圍亨應宅，執亨應殺之。亨應從叔杞、從弟之璋、之球、之琦、子筠俱死焉。初，亨應舉事時，自斷爪嚙血，裹而瘞之。子筠亦時語人曰：「我一門已登鬼籙。」父子立志狥國如此。永寧守撫州，糧不繼，乃退保建昌。得仁追及，被獲，死焉。

三月，破寧州，監軍許文龍死之。文龍起兵寧州，聲桓遣人招之，不從，率兵逐我所置官吏，屯兵奉鄉。聲桓乘間破寧州，遂攻奉鄉，圍守三月，糧盡，乃走保界首砦，食復盡，被擒，死之。

是月也，吉安復失，職方主事郭錕死之。先是，乙酉九月，劉同升結忠誠社於贛州，與李永茂恢復吉安。丙戌春，王師來争，副將劉必達戰敗，赴水死。會廣東援兵至，大兵退駐峽江，至是克之。

四月，破廣信，巡撫周定仍、副使胡奇偉、兵部侍郎詹兆恒、御史胡夢泰、兵部員外萬文英、同知胡甲桂、貴溪舉人畢貞士俱死之。初，黄道周提兵出江西，命詹兆恒以兵侍協守廣信。御史胡夢泰拜疏請出湖東，後遂擢右僉都，巡撫其地，文英、奇偉俱奉命協守。甲桂以永州同知道梗改授，而夢泰則以郡人奉使旋里者也。得仁破安仁、貴溪，定仍督副總姜天衢戰連湖，我兵小却。已，戰小箬渡及河口，遂大捷。城破，定仍自縊死。文英赴水死，妾胡從之。奇偉被執，殺於南昌衛前。甲桂自經於幽室。貞士先赴水，家人救之，行至五里橋，望拜祖塋，觸橋柱死。夢泰夫婦同縊死。兆恒奔懷玉山，復糾衆攻衢之開化，兵敗，歿於陣。江西悉平，惟贛州未下。

李成棟平粵東

順治三年丙戌，大兵既平閩，十二月，我巡撫佟養甲、總兵李成棟由閩趨惠、潮，下之，潛師襲廣州。先是，十一月，唐藩弟聿鐭浮海至廣，閩中舊相蘇觀生、何吾騶與布政使顧元鏡、侍郎王道華、曾道唯奉王監國，僭改元紹武，召海上鄭、石、馬、徐四姓盜爲總兵。時永明已自立於肇慶，使給事中彭燿、主事陳嘉謨至廣，曉譬倫序、監國先後。觀生殺燿於市，嘉謨亦死之，觀生遂率兵而西。職方主事陳邦彥自廣至肇，見永明王，王以東事爲問，邦彥曰：「彼彊我弱，以戰則非計；彼曲我直，以和則非名。北師已迫，觀生若懼，當求和於我。如其不然，粵東十郡，我據其七，而使其三代我受敵，不亦可乎？」既而巡撫林佳鼎與廣州將陳際泰戰於三水，際泰敗，既與林察戰於海。佳鼎故粵中監司，與察同姓相善，察因使四姓盜僞降，迎佳鼎。佳鼎信之，舟至三山口，亂作，全軍俱没，佳鼎赴水死，肇慶大震。而廣州(大)〔失〕援。至〔是〕，成棟襲之，用惠、潮符印爲文書，給廣州報平安，故觀生不設備。十五日，成棟令前軍效廣軍裝束，直抵城下。是日，觀生方隨聿鐭視學，或報大兵臨城，觀生猶以爲海上盜也，叱而斬之。大兵入東門，觀生始倉卒召兵，不能集，城遂破。聿鐭投繯死，周、益、遼等二十四王皆及於難。祭酒梁朝鐘自刎死。太僕卿霍子衡與妾莫氏、子應蘭、應荃、應芷、子婦梁氏、徐氏、區氏同赴井死。時有梁鍙者，妄人也，觀生每才之，用爲吏科給事中。至是，觀生走問計，鍙曰：「死爾，復何言！」觀生入西房，鍙入東房，抗吭氣湧有聲，觀生以爲鍙死矣，乃自縊。明日，鍙獻觀生屍來降。吾騶、應華、元鏡等俱來降。

二十三日，成棟別遣兵狥南、韶，而親下肇慶。二十五日，報至肇慶，王上西峽。

四年丁亥正月，奔梧州，走平樂。成棟入肇慶，別遣副將楊大福、張月狥高、雷、廉三府，而自率兵趨梧州。二十九日，一鼓入之。巡撫曹曄降，王走桂林。時南、韶二府亦報捷，乃別遣副將取瓊州。時丁魁楚在岑溪，成棟使杜永和襲而殺之藤江，遂下平樂。高、雷、廉俱報捷。廉州推官張孝起謀興復，兵敗，妻妾俱赴海死。孝起羈軍中，後成棟叛，擢孝起巡撫其地。成棟敗後，廉州復失，孝起死之。

四月，定瓊州。方警報之疊至也，王震恐。適武岡鎮劉承胤兵至全州，王遂奔全，而以瞿式耜守桂林。大兵薄桂林，式耜與總兵焦璉力城守。承胤奉王赴武岡，以三千人援桂，乏餉，潰歸，桂林垂破。會給事中陳邦彥在高明，聞桂林圍急，乃走説甘竹灘盜魁余龍乘虛襲廣州。巡撫養甲飛檄召成棟於桂林，揚言順道徑取甘竹。龍聞，急歸，而桂圍亦解。於是邦彦起兵高明，陳子壯起兵九江邨，霍師連起兵花山，張家玉起兵東莞，粵東大擾。詳見雜亂未幾，殲家玉於龍門，戕邦彦、師連於清遠，破子壯於高明，粵地復定。

魯藩據浙東

順治二年乙酉六月，原任山西僉事鄭之尹之子遵謙殺我招撫使於江上，與張國維、方逢年等迎立魯王以海於台州。在籍大學士朱大典亦上表勸進，卽日移駐紹興。國維、逢年、大典俱拜大學士。封方國安荆國公，守嚴州；張鵬翼永豐伯，守衢州；遵謙義興伯；王之仁武寧伯。國維督師江上，子世鳳爲平鹵將軍。

七月，復富陽。八月，復於潛。

十月，王師至固安，國維率王國斌、趙天祥禦之，戰於草橋門。天大風雨，火炮弓矢不得發，急收兵，故不甚敗。會唐王自立於閩中，頒詔至，諸求富貴者争欲應之，魯王下令返台。國維馳疏閩中，言：「國當大變，凡爲高皇子孫臣庶，所宜同心并力，共圖興復。成功之後，入關者王。且監國當人心涣散之日，鳩集爲勞，一旦南拜正朔，鞭長不及，悔莫可追。」疏上，乃止，然浙、閩自是水火矣。自草橋門敗後，諸將無敢復言戰者。王之仁上疏言：「事起日，人人有直取黄龍之志，乃一敗後，遂欲以錢塘爲鴻溝，天下事尚何忍言！臣願帥所部沈船一戰。今日欲死，猶戰而死；他日卽死，恐不能戰也。」

三年丙戌三月一日，我兵開堰入江，國維、之仁統水師襲戰。是日，東南風大起，之仁揚帆奮擊，國維遂同諸軍渡江，圍杭州，不克而還。

四月，我貝勒屯兵北岸，以江涸可試馬，用大炮擊南營方國安軍，廚竈皆碎。國安曰：「此天奪我食也！」遂欲投閩。五月二十七日，拔營走紹，劫王南行。二十八日，江上各營聞報，俱潰走。遵謙入海，國維振旅追扈。

六月一日，大軍畢渡江。禮部尚書余煌衣冠赴水死。國安決計獻監國來降，遣人守監國。會守者病，監國得脱，登海航，命國維遏防四邑，圖後舉。

二十五日，大兵入義烏。或勸國維入山，國維曰：「悞天下事者，文山、疊山也！」赴池水死。兵部侍郎陳函輝自經死，禮部侍郎王思任不食死。大理寺少卿陳潛夫、妻孟氏、妾孟氏夫妻姊妹聯袂沈河死。兵部主事葉汝蘅、妻王氏同赴水死。兵部主事高岱絶食死，子諸生朗赴水死。通政使吳從魯不薙髮死。鄭之尹赴水死。諸暨諸生傅日炯、山陰諸生朱瑋赴水死，蕭山諸生楊雪門自縊死，鄞縣諸生趙景麟赴泮池死，浦江諸生張君正自縊死，瑞安諸生鄒欽堯、永嘉諸生鄒之琦赴水死。

我兵至金華，朱大典厲兵固守，我兵以紅衣大砲破之。大典闔門自焚死，西席武進鄭邠亦與其難。張鵬翼守衢州，副將秦應科爲我内應。城破，鵬翼及樂安王、楚王、晉平王皆被殺。巡按兼視學政王景亮、知府伍經正、推官鄧巖忠皆自縊死。江山則知縣方召死焉。餘皆望風迎附，兩浙悉平。方國安、方逢年薙髮來降。八月，誅之延平城下。

王南奔至石浦，定西侯張名振護王航海，至舟山，舟山守將王斌卿不納。王浮海至厦門，鄭芝龍已降於我，乃走南澳。

四年丁亥，王命鄭彩、王大振、阮進、張名振等共討殺斌卿。時閩中舊相張肯堂以私財募兵海上，王貽書肯堂，云將北還舟山，約肯堂共事。

五年戊子，大學士劉中藻恢福寧州，與平夷侯周崔芝相犄角，連復建寧、邵武、興化三府及漳浦、海澄等二十七縣，軍聲頗振，温、台響應。

六年己丑，王還舟山，以張肯堂爲東閣大學士。

八年辛卯，王師破福寧州，中藻敗，兵部右侍郎林汝翥、員外郎林埊没於陣，閩中所復州縣相繼俱失。福安破，大學士劉中藻衣冠坐堂上，爲文自祭，服金屑死。興化破，大學士朱繼祚、參政湯芬、給事中林嵋、知縣都廷諫死之。海澄破，知縣洪有文死之。永福破，邑人給事中鄔正畿、御史林逢經投水死。長樂破，邑人御史王恩及服毒死，妻李氏同難。建寧破，守將王祈自焚死。台州破，督餉知縣沈履祥被獲，見殺。王師遂逼舟山，王復航海，令肯堂城守。城破，肯堂南向坐，令四妾、一子婦、一女孫先死，乃自經。同死者，兵部尚書李向中、禮部尚書吳鍾巒、吏部侍郎朱永祐、安洋將軍劉世勳、左都督張名揚、通政使鄭遵儉、兵科給事中董志寧、兵部郎中朱養時、户部主事林瑛、江用楫、禮部主事董元、兵部主事朱萬年、顧珍、臨山衛李開國、工部主事顧宗堯、中書舍人蘇兆人、工部所正戴仲明、定西侯參謀顧明楫、諸生林世英、錦衣指揮王朝相、太監劉朝。

王航海之明年，兵部侍郎沈廷揚督舟師北上福山，被獲，死之。向中被執，我帥呵之曰：「聘不至，捕而至，何也？」向中對曰：「向則辭官，今就死爾。」大兵至寧波，鍾巒渡海入昌國衛之文廟，抱孔子木主，積薪左廡，自焚死。永祐被執，請爲僧，不許，殺之。名揚，名振弟，抱母范自焚。朝相聞城破，護王妃陳氏、貴嬪張氏、義陽王妃杜氏入井，以巨石覆之，自刎其旁。開國之母瑛及明楫之妻皆自盡。

十一年甲午，鄭成功奉王居金門。初至，禮待甚恭，既益懈，王積不能平，成功銜之。未幾，王將往南澳，成功使人沈之海中。

益藩擾湖東 附傳揭

益王名由本，封建昌。兩都繼没，郡紳勸王舉兵，郡儀賓諸生鄧思銘言：「王身兼臣子，宗社傾危，豈容坐視。」因首建義兵之議，以贍財者助餉，負才者參謀，有勇者出戰，王大感動。然年少柔仁，不習武事，乃悉以戰守機宜委郡藩永寧王慈炎及羅川王某主之。於是羅川王與東鄉艾命新、艾南英謀，因以書約諸紳士，同仇共義，募集劉琦、楊獨龍、僧丹竹等三十六人，就南英家插血誓盟，得義勇七八千人，王、謝二紳各捐貲助餉，兵勢稍振。時順治二年乙酉六月也。

時有保寧王者，自河南來，好談兵，至倚信之。而保寧私與我將王體忠通，約爲內應，王不知也。雲南總兵趙印選以象兵赴援南都，不及而反，路出建昌，王留之助戰。戰初合，保寧從陣後以火箭傷象兵，遂潰，王奔旗塘佛舍。已，歸唐王於福州，福州破，被執見殺。

永寧走寧都，遂入粵招蕭、閻兵，圖興復。先一日，蕭陞、閻總夢紅日臨其門，翌日而永寧至，以爲吉徵，遂與同事。提兵出湖東，復建昌，乘勝拔撫州及進賢縣。先是，永寧之走寧都也，羅川與艾命新拔撫州而不能守，退師許灣，招集貴東安仁兵近二萬。永寧復撫、建，羅川率兵來合，約分道進恢江省。會粵兵與羅川兵爭舍，羅川亟出止之，流矢中其喉而卒。永寧以糧餉不繼，棄進（貧）〔賢〕，守撫州。我將王得仁率兵圍之，糧復匱，將退保建昌，爲得仁追獲，死焉。

甲申之變，原任福寧州知州揭重熙同副總兵洪日升起兵勤王，至南京，授吏部考功司主事，以艱歸。順治(三)〔二〕年乙酉，南京破，江省亦入版籍，重熙復招集鄉勇徐組綬、萬民望、王宏等起兵湖東。會益藩兵起，重熙走謁，請急臨省會，事不果。我將王體忠圍建昌，重熙提兵來援，戰於許灣而敗，吏部主事王兆熊劾之。既以曾櫻薦，唐王復授重熙考功員外兼兵科給事中，從傅冠辦湖東兵事。又令原任翰林院檢討傅鼎銓以原官兼兵科給事中，統義師由泰寧出關召募。瀘溪告急，冠不能救，重熙劾冠去，兵事專委重熙。永寧既敗，重熙復趨福州，統諸將進克金谿，復撫州，有衆十萬。捷聞，授右僉都御史，代劉廣胤巡撫湖東。以諸將進止不協，退保瀘溪。與我兵戰於銅蒲隘、師姑嶺及高田、孔坊，俱捷。

三年丙戌八月，福州不守，鼎銓往寧都，借兵於田海忠，不應，因集鄉勇復宜黃，駐兵於樂安。重熙聞王師入關，提兵援福州。聞王赴贛州，倍道趨贛，爲我兵掩擊，大潰，急收散卒，還攻撫州，破之。而中軍洪深亦没於陣，兵士僅存千人，乃退次王洞。間行至安東、金貴諸砦，令聯絡以待，而身爲日者裝，入南昌以覘虚寔。

五年戊子，金聲桓以南昌叛，首迎重熙、鼎銓，而兩人殊不欲駐省，(諸)〔請〕任閩事。我譚固山圍南昌，重熙赴粤求援。鼎銓兼督兩軍，與張自盛合營援南昌，敗於三江口。重熙至肇慶，永明拜重熙兵部尚書兼右副都御史，總督江西兵。未及歸，而南昌破，沿途召募，猝遇我兵，戰於程鄉，大敗。監軍桂泓陣没，重熙身中三矢，僅免。金、王死，其故將張自盛、洪國玉等聞重熙奉新命，出湖東，争來歸，兵大集，駐寧都、石城間。而鼎銓被内召，不願往，請再舉終江事，重熙亦疏留，乃拜兵部右侍郎兼翰林院侍讀學士。鼎銓隨令監軍陳化龍馳檄浙東，有徐孝伯者，引軍來會，同駐徐博。

七年庚寅，重熙以張自盛駐閩，赴其軍，約廣信曹大鎬並進。甫入閩界，我兵圍之數重。重熙分部諸將，戰數合，佯北，引我兵入伏中，前後夾擊，大捷，遂狥諸郡邑，皆下之。進至撫州，幾獲我帥。

八年辛卯，鼎銓至廣信張村，爲我守將所執。江撫夏一諤諭之使降，不應。令以書招重熙，不可。八月五日，見殺。搜其笥，先置木主，書死年而空其月日。自盛掠邵武，戰敗，被執。重熙乃率數十人赴大鎬於百丈礤，適大鎬還軍鉛山，重熙至，惟空營。我兵偵得，率衆圍之，射重熙中項，執至建寧，日求死。十一月三日，戮於南街市口。未幾，曹大鎬亦敗，都昌督師余應桂亦以是歲亡，江西之兵遂盡。應桂者，都昌人，萬曆己未進士，嘗爲御史，疏劾周延儒，有直聲，累官兵部侍郎。金、王之亂，起兵都昌，率舟師援會城，敗於落星湖。已，復傾訾募衆，而南昌已平，我潯帥楊捷以步騎奄至城下，被執，及子諸生顯臨、中軍帥師俱死之。

三藩紀事本末卷三

楊劉萬殉贛

崇禎甲申，闖賊破京師，江西在籍翰林院修撰劉同升聞變，痛哭幾絶，檄告江西十三郡紳士，舉義復仇，縞素別丘壟而出。至南昌，遇職方主事楊廷麟，大集紳士於澹臺祠，爲懷宗發喪，涓吉誓師進發。

福王立，授同升左中允，廷麟左庶子，俱辭不拜。唐王立於福州，擢同升少詹事、兵部侍郎，總理江西，而廷麟以東閣大學士召。廷麟以國破君亡偷安海甸爲非計，辭不拜，與贛撫李永茂及同升共舉義旗。會粤東有入衛兵三千過贛，即疏留之。立忠誠社於贛州，招致四方之士。於是王其弦、其𡨴、劉明保、彭曰趣等各率家丁，自賫糧入社，立功者幾二萬人。廷麟乃大享士於城西，率兵收萬安，抵泰和，復吉安全郡，乃奉表迎唐王赴贛。

順治二年乙酉十一月，李永茂以憂歸，而萬元吉以總制七省至贛，與同升、廷麟同心規畫。時永寧王已復撫、建，約同下省，而同升已病。未幾，湖東告潰。十二月，同升卒於雩動而未決。

初，元吉佐楊嗣昌、史可法兩閣部軍，與江西總兵金聲桓素善。聲桓收江右，以書幣招元吉，元吉辭以各行其志，聲桓勿迕也。至是，元吉主撫金以恢省，因移書聲桓，聲桓頗心都，事以不果。

三年丙戌三月，吉安守將胡長蔭違元吉節制，爲我將柯永盛所敗，吉安復失。元吉走皂口，欲赴水。永豐令林全春亟持之，乃還保贛州。我兵尾之，拔萬安，遂圍贛，聲桓聲問遂絶。給事中楊文薦者，奉命往湖南，過贛，見事急，願留共城守，元吉賴之。先是，正月，廷麟招降峒寇得四萬人，所謂四營者也。張安者，四營之一，驍勇善戰，賜名龍武新軍，元吉倚之，而蔑視雲南、廣東諸軍，諸軍解體。

五月，江西巡撫劉遠生督張琮來援，戰於梅林而敗，龍武新軍亦敗於梅林，於是援兵皆不敢前。元吉苦客將不用命，且出掠爲民患，乃謀練土著，更番出戰，頗有斬獲，我兵移下沙。然元吉御兵士嚴，刑威不少假貸，故兵士不樂爲之用。贛圍久，王賜郡名忠誠，加元吉兵部尚書，文薦僉都御史。

六月，李永茂遣副將吴之蕃以廣東兵五千至。七月，吏兵兩部尚書郭維經奉命總理江西湖廣軍事，與御史姚奇胤沿途募兵，得八千人至，雲南援將趙印選、胡一青率兵三千至，大學士蘇觀生遣兵亦如之，兩廣總督丁魁楚亦遣兵四千至，軍聲頗振。諸軍皆欲戰，而元吉欲俟水軍至共擊。是時中書舍人來從諤募砂兵三千，吏部主事龔棻、兵部主事黎遂球募水軍四千，皆屯南安，不敢下。兵部主事王其弦謂元吉曰：「水帥羅明受，海盜也，桀驁難（至）〔制〕，且今水涸，舟行爲難，豈能如約。」不聽。

八月，大軍聞水師將至，卽令兵士夜截諸江，焚巨舟八十，明受遁，於是諸營皆散去。元吉弟六吉調廣西狼兵八千至南安，亦不戰潰。已，聞唐王被難汀州，全城氣索。

十月，天霧雨雪，我兵乘夜上城。城破，元吉率士巷戰，奪門出，至東關，歎曰：「大事去矣！」投贛江而死。我將賈熊歎爲忠臣，以四扇門爲棺，瘞之東門之外。廷麟死於清水塘。湖西兵備僉事加太常卿彭期生衣冠自縊。職方主事周維經與奇胤同縊（與）〔於〕嵯峨寺。通判王明汲、編修兼兵科給事中萬發祥、吏部主事龔棻、户部主事林琦、兵部主事王其弦同弟其𧂐、黎遂球、柳昂霄、魯嗣宗、錢謙亨、中書舍人袁從諤、劉孟鍧、劉應試、推官署府事吴國球、監紀通判郭寧登、訓導徐君鼎、都督僉事劉天駟、臨江推官胡縝、贛縣知縣林逢春，皆被戮。邑人河南同知盧觀象，盡驅男婦入池，乃自沈死。馬平知縣謝瓚與子胤繡、姪胤斗，衣冠自縊。舉人劉曰佺同母、妻、子、姪、弟婦同日自盡。薦授萬州判官周世光攜幼孫，同盧觀象赴池死。世襲贛衛千户孫經世同弟緯世、紘世闔門自焚死。監紀軍務聶邦晟同子士㦗、士焕、妻劉闔門死。貢生楊萬言同妻子赴池水死。庠生郭其昌同妻范號泣三日死。董纘卿同子麒兆、正宸、正朝俱死之。謝明登同妻羅、子佛生赴池死。馮復京同妻張對縊死。佘學義母周先自縊，學義同妻鍾、子婦丘、二孫赴水死。楊麗天同妻赴清水塘死。金之杰巷戰，殺數人，擕妻赴水死。王統、王純縊於文廟。周葵、陳君猷積薪自焚死。鄉約謝明登同妻楊赴井死。雩都訓導胡董明被執，見殺。寧都曾嗣宗、楊燧俱自經死。書工趙廷瑞赴水死。織人熊國本赴義忠誠社，至是被執。贛令，舉人也，叱之曰：「爾織人，何知義？」國本曰：「織人不知義，舉人顧當爲不義耶？」引出斬之。參將陳烈，其弟降於我，烈奮勇疾鬬，至是被執。其弟勸之降，不從，乃殺之。其以流寓同難者，廣東提學道符遡中同兄述中、新喻進士萬發祥、廬陵庠生段之渾、新喻庠生蕭瑛。

金王之亂

金聲桓字虎夫，遼東衛籍。王師平遼東，全家被俘，獨聲桓跳走入關。王得仁，闖部裨將，驍勇善戰，軍中所稱王雜毛者也。聲桓性沈猜，善持兩端，以軍功累官總兵、都督同知，隸左良玉後軍。順治二年乙酉五月，左夢庚率之來降，命與闖部降將王體忠合營，規取江右。未幾，聲桓矯殺體忠，以得仁代之。

江右既平，聲桓自以爲不世功，旦夕望侯。及收江疏還，僅授副總兵，而得仁銜不列，得報，氣沮。招撫孫之獬至南昌，聲桓所置將吏漸有更易。江撫李鳳翔繼之，益加裁制，聲桓心怏怏。聲桓常師事維揚僧德宗，德宗每奇聲桓，嘗拊聲桓背曰：「勉旃！二十年江右福力，變紅頭蟲，此其候也。」及是，果着紅纓，建牙江省，益尊信之。德宗每爲聲桓言，勸其改圖。南昌胡以寧在聲桓幕中，言如德宗指，胡澹、陳大生等各緣以迎合。聲桓又覘知得仁所居故宜春王第，每後堂張宴，自着明衣冠，令優伶演郭子儀、韓世忠故事，諸客聞之益心動。先是，福州之破，仕閩者或有空頭敕劄持歸，至是，因緣間露，且言唐王尚在，二帥聞之，益自喜且負。江撫李鳳翔死，章於天代之，遇諸將益倨，索賄無厭足。一日，宴於藩署，席地鋪氊，文吏皆坐氊，而聲桓、得仁顧坐氊外，得仁有忿色。於天嘻笑顧視曰：「王總兵欲反耶？」宴歸，二帥恥甚。

四年丁亥七月，得仁提兵往建昌，於天又遣人索賂累億。得仁怒裂眦，大有惡言。八月，歸自建昌，勸聲桓速舉事。而聲桓以前遼東被俘，妻子留京未歸，又胡以寧新亡，遣人往湖南覘知何騰蛟爲我兵所敗，遲疑未發。巡按董學成至，有以二家陰事告者。學成揚言欲奏聞，而陰索得仁賄，並其侍兒。得仁恐以侍兒予之，則居家狀泄有驗，堅不肯予。時幕中諸客詭言唐王在五子寨，二帥卽遣客往探唐王寔耗。客卽假唐王命，封聲桓爲鎮江公，得仁爲維新侯，二帥大喜過望。

五年戊子正月，章於天忽率數騎出瑞州，捕掠諸富室，或告得仁曰：「此非爲索賄賂也，前聞有滿騎數千，不知所往，或徑往贛州，約同贛撫會議而後發，發則須搖公等。」得仁大懼。適聲桓妻子還自燕，聲桓乃召胡澹等入議，遣人以書約山東、河南並發。得仁提兵出建昌，合揭、楊諸部然後舉。議既定，或說得仁曰：「聲桓疑而多詐，脱中變，而公顧居外，且奈何？不若坐據省會，仗鉞投袂，爲必不可遏之勢脅聲桓，聲桓不敢不從，但貴神速耳。」得仁大喜，立傳令部勒全營，杜七門，圍守董學成官署，時正月二十六日夜漏下三十刻矣。

翌日癸亥，七門不啟，得仁躬擐甲往縛學成，赴聲桓署白狀。聲桓蒲伏問故，得仁曰：「詔云然，何敢後也。」聲桓唯唯。得仁即前爲聲桓割辮，以聲桓令箭傳示諸協，悉去辮，出示安民，稱隆武四年，即日絞殺學成及副使成大業。軍民戴滿帽者輒射之，城中委棄纓笠，積如山阜。得仁遣將擒章於天於江中。聲桓首迎在籍閣臣姜曰廣入省，諸金弟族皆爲都督，得仁婦弟黄天雷爲兵部侍郎，聲桓幕客黄人龍爲總督。二人各開幕，門如市。初，聲桓誅體忠後，謀嘗與得仁合，及是，各自爲功，所樹吏率分東西府，嫌隙始開。

二月朔，得仁提兵下九江。胡澹說得仁宜乘破竹之勢，疾趨建業，下流猝無備，必舉建業，舉則兗、豫響應，率兵而北，中原可傳檄定也。而聲桓聞捷，輒召得仁還。得仁以澹謀告聲桓，衆皆主之，獨黄人龍不可，曰：「贛州居省上流，文武督在焉，宜先定贛，不然且擬我後。」聲桓從之，立議取贛。聲桓、得仁偕行，而以宋奎光守南昌。兵圍贛州，城固不可克，聲桓乃令得仁往綴章、(贛)〔貢〕上下，而自引兵踰嶺，恢雄、韶。時南中頒永曆年號至，乃遂稱永曆四年。聲桓遺書廣督李成棟，共興復，成棟遂叛，拜表粤東，迎永明王駐肇慶。王因寔封聲桓爲昌國公，得仁爲新喻侯。師留贛且老，省内虚。

四月，大兵入湖口。五月朔，破九江，僞守將吴高遁。二日，下南康，僞守將白之裔潰。七日，千騎至石頭，猶不意爲我兵也，見紅纓白帳，始色駭。明日，鐵騎滿西山矣。我固山譚泰先從東入，破饒州。饒州僞將潘永禧遁，王師尾之至南昌，而令偏將自潯入搜麥源、青嵐諸道，薄西山，故未下營，血刃已數百里。

大兵圍南昌，聲桓兄成功約降於我，奎光諜知，殺之。得仁部將貢鰲，聲桓部將楚國佐，以其軍叛，奎光追及，復殺之。大兵攻得勝門，城壞數處，奎光囊土塞之，得不破。旋出神鎗大筩，焚我攻具，我兵少却。報至贛，聲桓、得仁大懼，撤兵急回。贛帥掩擊，亡其大半。十九日，聲桓僞先鋒劉一鵬與我戰，獲大炮三。得仁繼至，聞前捷，卽氣揚甚，不鞁馬而馳。中伏，大敗於七里街，卽氣索甚，盡撤城外屯兵入壁。金部僞將郭天才争之不得，自扎黄泥洲爲犄角。天才所統盡川卒，精鋭無敵，先提偏師入閩，不克，歸，我兵已圍南昌矣。天才三戰三捷，我兵頗憚之。宋奎光單騎渡江，按行地利，請移兵二隊，一駐生米渡，一駐市汊，以達餉路。天才請大舉逐我兵，皆不聽，專主堅壁。我兵雖勝，每慮得仁襲之，軍中常夜驚王雜毛來也。久之，見城中終無出兵意，乃用鎖圍法，東自王家渡屬灌城，西自雞籠山屬生米渡，掘壕載版起土城。自是內外耗絶，設南昌令於白茶市，新建令於蛟溪，徵役索賦，安坐而制其斃。得仁自亡軍後，不復親督陣。方娶武都司女爲繼室，繡旆親迎，金鼓喧雜。我瞭者望而大駭，莫疑爲王雜毛娶婦也。

十月，郭天才亦撤軍入城。已，城中糧盡，人相食，乃大出居民，兩帥情寔盡爲我得。我因得以餘暇旁收郡縣，西南逐僞守張啟祥，西北降僞寧將鄧雲龍，東南破傅鼎銓之援師，北戕余應柱於都昌，劉斯琜於梓溪，東收徐光程，西破丁家塘土塞。聲桓聞之，惟嚄唶悼恨而已。

十有二月，我師再乘城，山東人全時鳴令以鐵網籠之，鐵鉤曳而傷之，損傷過當。

六年己丑正月，聲桓部將湯執中守進賢門，其偏裨某約來降。譚固山因以厚陣佯攻得勝門，炮聲聞三百里，兩（師）〔帥〕齊師赴焉。而奇兵已從進賢門梯而上，城遂陷。聲桓赴池水死，得仁陣獲，磔死。宋奎光、劉一鵬、郭天才皆被執，不順命死。姜曰廣赴偰家池死。得仁突得勝門，三出三入，與譚固山馬首再相值，譚不知其爲得仁，得仁亦不知其爲譚也。

初，聲桓之主堅壁也，以待廣師之援。而吳尊周所草乞師表文，但陳勝狀而不告急。既聞江事危急，乃遣李赤心由袁、吉，李成棟出南雄，會南昌。赤心逗留不進，成棟敗死信豐，遂以不救。

王師南征

順治四年丁亥三月，我大清命定南王孔有德、靖南王耿仲明、平南王尚可喜等率兵下湖南。定興伯何騰蛟與總兵郝永忠退保衡州，張先璧走寶慶，□□□□□□□湖北巡撫堵胤錫走永定，衛王有才、馬進忠等走五溪山中。

五月，大兵抵衡州，永忠北總兵黃朝宣等被擒，騰蛟退保永州，從者惟滇將趙印選、胡一青等數人。

八月，大兵破武岡，常德、寶慶盡失。總兵劉承胤敗績，來降。永明王走靖州，由蠻道以達柳州。土司覃鳴珂與守道龍友明相攻，遂陷柳州，矢及王舟中，王走象州。時大兵已定湖南，永州亦破。騰蛟與永忠、盧鼎俱入桂林，與留守瞿式耜議分地給諸將，俾自爲守。式耜督焦璉復陽朔及平樂，陳邦傳復潯州，合兵復梧州，粤西尚稱全土。王回桂林。

五年戊子二月，大兵入粤西，永忠潰於興安，返入桂林，大掠。

三月，大兵至桂，北門垂破，聞金聲桓反於江西，乃退入楚。

五月，騰蛟復全州。

六月，成棟以粵東叛歸於王，王封成棟惠國公，聲桓豫國公，一云昌國公，王得仁、佟養甲、杜永和等侯伯有差。成棟子元胤爲錦衣指揮使。王返肇慶。騰蛟復督師出湖南，由永入衡。胤錫亦以忠貞營自常德趨湘潭。

十月，成棟犯贛州。先是，江西悉反，惟贛州爲我將高進庫所守，聲桓攻之不克，乞師粵東。成棟援之，戰不利，退屯南康縣。

六年己丑正月，大兵破南昌，俘金、王；下湘潭，執騰蛟。

二月，成棟敗於信豐，騎而渡河，馬蹶，墮水死。事聞，以杜永和爲兩廣總督，駐廣州，代成棟。羅成耀守南雄。大兵由湘潭薄衡州，胤錫敗，衡、永俱不守。

十二月，我平南王及嗣靖南王耿繼茂下廣東，羅成耀遁，南雄不守。

七年庚寅正月十四日，下韶州。王聞庾關失守，奔梧州，留馬吉翔、李元胤守肇慶。

二月，大兵圍廣州，調潯帥陳邦傳及忠貞營高必正東援。邦傳故與元胤有隙，意在修怨。又憾必正等之屢擾其境也，陰令副將姚春登等連結土司。會李來亨等調兵土司，遂相仇殺，必正怒而歸。忠貞營者，成孽餘黨，胤錫所招撫者也，時散處賓、横閒，故邦傳惡其擾。時李赤心已死，故必正領其營。邦傳駐清遠，馬吉翔駐三水，俱不敢進。以城守久，進永和爵爲侯，元胤弟建捷力戰有功，封安肅伯。廣州城三面臨水，成棟在時復築兩翼，附於城外，爲砲臺，水環其下，大兵攻圍十閱月不下。永和偏將范承恩爲内應，決砲臺之水，大軍藉薪竟渡，遂得砲臺。

十二月二日，城破，永和由海道奔瓊州，建捷奪圍至肇慶，邦傳潰於三水，而我定南王亦已入全州。五日，破桂林。詳見式耜殉粵。邦傳聞桂林破，遣兵邀劫從官於藤江，殺部郎潘駿觀、許王鳳等。王踉蹌奔南寧。胡一青、趙印選率兵駐賓州。

八年辛卯，大兵取肇慶，元胤、建捷奔南寧。會孫可望遣賀九義殺内閣嚴起恒等，元胤忿甚，請出靈山收高、雷之兵，迎王入海。至欽州，爲土兵王勝堂所執，送靖南王所，不順命；令作書招杜永和，亦不從，與弟建捷俱斬於市。

九月，陳邦傳叛降於靖南王。報至南寧，王震恐，議奔廣南。後軍印選、一青之師復敗，與大兵相去不五十里，王遽由水道走土司，抵瀨湍，轉入羅江土司，次龍英，至廣南歲已暮矣。時可望已受秦封，遣人來迎。

九年壬辰二月，可望遷王於安陸，改名安隆。大兵取瓊州，杜永和來降。

何騰蛟殉楚

崇禎癸未，起何騰蛟右僉都御史，代王聚奎巡撫湖廣。初，騰蛟爲南陽知縣，數摧賊鋒。已，從巡撫陳必謙破賊安皐山，及討平土寇，益知名。後以部郎出僉懷來，憂歸。起淮徐兵備，復平土寇。至是遂有是擢。

時左良玉屯武昌，橫甚。順治元年甲申五月，福王自立於江南，詔至，良玉時在漢陽，有異言。騰蛟赴良玉軍爭之，而良玉參軍盧鼎亦言於良玉，乃開讀如禮。八月，王加騰蛟兵部侍郎兼撫湖南。尋以故官總督湖廣、四川、雲南、貴州、廣西軍務。

乙酉，南京有北來太子事，良玉遂舉兵東下，邀騰蛟與俱，不可，則盡殺城中人以劫之。騰蛟急解印付家人速走，將自刎，爲良玉部將擁去。舟至漢陽，騰蛟乘閒躍入水中，漂十餘里，遇漁舟救之起，則關壯繆廟也。而所遣家人懷印者亦在，相視大驚。徧覓漁舟已不見，蓋有神祐云。騰蛟乃從寧州轉瀏陽，抵長沙，集屬吏痛哭盟誓，權令堵胤錫攝湖北巡撫，傅上瑞攝湖南巡撫，章曠爲總督監軍，周大啟提督學政，嚴起恒衡永道，督二郡軍食，吳晉錫以長沙推官攝(柳)〔郴〕桂道，隨遣曠調黃朝宣、張先璧、劉承胤等兵先後俱至，而良玉已死。

五月，唐王自立於福州，王素知騰蛟賢，委任益至。李自成死，(兵)〔其〕將劉體仁、郝搖旗等觀望無所歸，騰蛟遣部將萬大鵬招之。搖旗等大悅，與大鵬俱至長沙。騰蛟開誠撫慰，於是藺養成、王進才、牛有勇皆來歸，驟增兵二十餘萬，軍聲大振。既而自成部將李錦、高必正率衆逼常德，騰蛟命胤錫撫之，亦來降。於是自成餘黨悉歸騰蛟，一時詫異事。而騰蛟上疏止言元兇已除，宜告郊廟，不言己功。唐王大喜，拜騰蛟東閣大學士兼兵部尚書，封定興伯，仍督師規取兩江。於是騰蛟部置降卒，參以舊軍，乃題授黃朝宣、張先璧爲總兵官，劉承胤、李赤心、（即李錦改名。）郝永忠、（即郝搖旗改名。）袁宗第、王進才及董英、馬進忠、馬士秀、曹志建、王允成、盧鼎並開鎮湖北，時所謂十三鎮者也。

丙戌正月，騰蛟拜表出師，李赤心敗於湖北，騰蛟威望自此損。已而唐王死於汀州，騰蛟聞之大慟。永明王立，以騰蛟爲武英殿大學士加太子太保。

丁亥，大兵逼長沙，騰蛟不能守，單騎走衡州，長沙、湘陰盡失。時守衡州者盧鼎，而張先璧率兵突至，鼎不能抗，走永州。先璧遂挾騰蛟走祁陽，趨辰州。騰蛟脱還，赴永州。甫至而鼎部將復大掠，鼎走道州，騰蛟與侍郎嚴起恒走白牙市，大兵遂平衡、永。於是前所置十三鎮者，皆起而爲盜。未幾，部將周金湯復永州。

六月，騰蛟在白牙市，諸將皆不用命。劉承胤由小校騰蛟薦至大帥，封定蠻伯，尤忌騰蛟。於是騰蛟與爲姻，奏王進安國公，勛上柱國，而承胤益驕，忌騰蛟出己上，欲奪其權，騰蛟固無如承胤何也。於是騰蛟無兵，王命雲南援將趙印選、胡一青兵隸之。

八月，大兵破武岡，常德、寶慶盡失，永亦再失。王由柳州將返桂，而城中惟焦璉一軍，兵孱甚。騰蛟率印選、一青入助。會盧鼎亦以兵至桂林，乃安。

戊子正月，加騰蛟太師，爵世侯。

二月，郝永忠、趙印選兵大掠桂林。大兵偵知，直抵桂北門，騰蛟與璉、一青分門拒守，大兵乃還。

三月，李成棟以廣東叛歸於王，大兵暫回，於是騰蛟復全州，保昌侯曹志建、宜章侯盧鼎、新興侯焦璉、新寧侯趙印選復永州，職方主事李甲春復寶慶，諸將復衡州，馬進忠復常德。騰蛟議進兵長沙，適李赤心自夔州至，督師堵胤錫令進忠以常德讓赤心。進忠大怒，盡驅居民出城，焚廬舍，走武岡，諸將皆空城走。騰蛟聞之，大駭。

己丑正月，擕吏卒三十人邀赤心。赤心至湘潭，見空城也，不守去。騰蛟入湘潭。大兵見騰蛟入空城，遣徐勇入之。勇故騰蛟部將，勸騰蛟降，騰蛟不從，乃擁之去。絶粒七日不死，乃殺之。騰蛟所居有神魚井，井故無魚也。騰蛟生，魚忽滿井，皆五色。騰蛟既遇害，井魚亦空。

瞿式耜殉粤

順治二年乙酉八月，福王起原任户科給事中瞿式耜爲應天府丞，旋擢右僉都御史，代方震孺巡撫廣西。時靖江王亨嘉據桂林，式耜與焦璉定計，令思恩參將陳邦傳以兵攻桂林，破之，王被擒殺於福州。

九月，唐王死於汀州，式耜與魁楚奉永明王由榔監國肇慶，王拜式耜吏部右侍郎、東閣大學士，兼掌兵部事。

十月，王聞贛州破，將趨梧州，式耜争之不能得。

十一月，唐王弟聿鐭據廣州。

四年丁亥，王師破廣州入肇慶，遂逼梧州，巡撫曹曄降，遂襲平樂。總督林佳鼎敗没，式耜視師峽口。王將奔全州，式耜疏言："「王留粤則粤在，去粤則粤危。我進一步，人亦能進一步；我去速一日，人來亦速一日；去而不守，則拱手送矣。」"言甚切至。王不聽，遂奔全州，而進式耜文淵閣大學士兼吏兵兩部尚書，守桂林。

三月，大兵薄桂，突入文昌門，登城樓以瞰式耜署。援將焦璉拒戰甚力，式耜亦身立矢石中，與士卒同甘苦。援兵索餉而譁，式耜括庫不足，妻邵捐簪珥助之，故人無叛志。既而主客兵不和，璉兵譟而去，城幾破矣。會陳邦彦攻廣州，大兵引而東，桂林獲全。於是焦璉復陽朔、平樂，陳邦傳復潯，合兵復梧州。王聞捷，封式耜臨桂伯，璉新興伯，餘進秩有差。

十一月，大兵自湖南逼桂林，式耜與何騰蛟拒却之。

五年戊子二月，郝永忠駐桂林，與團練兵相惡，盡破水東十八村。既與大兵戰靈川而敗，復大掠，殺太常卿黄太元，諸將趙印選諸營自靈川至，亦大掠，城内如洗。大兵聞桂林有變，急來襲，騰蛟拒戰獲全。

閏三月，李成棟據廣東來歸，請王赴廣州。式耜慮爲所制，急争之，乃駐肇慶。成棟具疏言：「式耜擁戴元臣，不宜久在外。」王召式耜，式耜以國事讓成棟，願留桂。

十一月，永州、衡州、寶慶相繼恢復。式耜以機會可乘，請王還桂林，以圖出楚，不聽。

六年己丑正月，何騰蛟被執於湘潭。二月，成棟敗没於信豐。王命式耜留守督師，兼江、楚各省軍馬。我朝亦遣書招式耜，式耜不從。

七年庚寅正月，南雄報不守，羅成耀遁，韶州亦失。九月，全州破，趙印選在桂林，胡一青、王永祚在榕江，皆惶懼不敢出，大兵遂入嚴關。十月，榕江不守。十一月，諸將皆逃，城中無一兵，式耜端坐府中。俄總督張同（敞）〔敞〕自靈川回，入見式耜，誓同死，因俱就執，幽之民舍，兩人賦詩唱和。閏十一月，殺之風洞山下。故給事中金堡時已爲僧，名澹歸，上書定南王，請收瘞式耜、同（敞）〔敞〕，不報。吴江楊㭿收而瘞之北門之園。

孫李搆隙

崇禎甲申，張獻忠盜蜀僭號。順治三年丙戌，我肅王西征，殺獻忠於西充縣之鳳凰坡。其黨僞平東將軍孫可望、僞安西將軍李定國、僞撫南將軍劉文秀、僞定北將軍艾能奇、僞都督白文選、馮雙禮等，呼集僞衆，奪重慶府，殺平蜀侯曾英。

四年丁亥春，由遵義入貴州。時雲南土司沙定洲作亂，據雲南省城。黔國公沐天波出奔永昌，定洲追之。聞兵巡道楊畏知據楚雄，起兵討賊，乃留圍楚雄，不能克。可望在貴州，聞滇亂，兼程趨滇。三月二十八日，屠霑益州。明日，屠曲靖。定洲急收兵還阿迷，與可望遇於蛇花口，接戰，大敗，遁去，可望遂取雲南。右僉都御史宗室壽鉥以永明王命，募兵雲南，爲可望所繫，脅降不從，被殺。巡按御史羅國瓛死之。可望遂引兵而西，遇畏知於禄豐縣。畏知迎戰，大敗，被執，不屈。許以共奬明室，畏知乃降。可望兵至大理，遣人往永昌招天波，並索道府印。署府篆通判劉廷標、署道篆推官王運開咸曰：「印往，則我亦降矣。」乃相繼自縊。運開弟運閎赴水死，天波降。於是可望自稱平東王，以劉文秀等守雲南。可望自滇回黔，執總兵皮熊而釋之。初，可望赴滇，熊由平越收兵復貴州。可望回，熊不能禦，走清浪衛，可望使白文選追執之。可望既至黔，設官鑄錢，造符敕，謀僭大號。而定國、文秀等故等夷，各自稱王，不相下。定國尤強悍，議齟齬不合。

六年己丑春，可望杖定國於演武場以威衆，孫、李之隙自此始。既而定國率兵征沙定洲，獲之於湯嘉賓砦，斬之，兵益強，可望不能制，稱帝之意始沮。時永明王自立於粵東，已四年矣。可望苦無以制其下，願奉朔來歸，因遣楊畏知入粵。時武康伯胡執恭屯泗州城，知可望強，欲藉爲援。畏知至，則大喜，遽矯册封可望爲秦王。而畏知至肇慶見王，道可望歸順意，爲請封。大學士嚴起恒、都御史袁彭年、科臣金堡等執不可。畏知言可望兵力強，可藉以爲用，何惜一封號以樹敵。楚南督師堵胤錫亦以爲請，乃議封可望景國公，賜名朝宗，定國、文秀皆列侯。胤錫曾賜空敕，得便宜從事，遂矯命改封可望爲平遼王。使至，可望先受秦封，不受命，遣人至梧州問故，王始知矯詔事。馬吉翔請封可望爲澂江王，使者言，非秦不敢復命。嚴起恒與督師尚書楊鼎和、科臣劉堯珍抗疏力争，議遂寢。

七年庚寅十一月，大兵破廣州，下桂林，王走南寧，事益急，乃遣編修劉茝封可望爲冀王，仍不受。時艾能奇已死，可望并其衆，益強。

八年辛卯，可望遣賀九義、張勝、張明志赴南寧，索沮秦封者。九義遂追殺鼎和於崑崙關，殺起恒而投之水，屍流三十里，虎負之登岸，乃收瘞之。并殺堯珍及吴霖、張載述等。

霖、載述未嘗沮秦封，以曾劾主秦封者，故殺之。於是真封可望爲秦王。畏知見九義凶悖，痛哭入朝，疏其擅殺大臣罪，請誅之。王因留畏知入閣辦事。可望聞，大怒，遣鄭國執畏知以歸。畏知望見可望，卽大罵，以頭幘擲可望面，可望遂殺畏知。定國、文秀素與畏知善，聞畏知死，益切恨可望。

是時大兵日逼，南寧不守。九年壬辰春二月，可望乘閒遷王於安隆。先是，大兵已取湖南，定兩粵，定南王孔有德提兵入黔，定國禦之，連破靖、沅、武岡，入桂林。當是時，定國兵力強甚，不復稟可望約束，可望忿甚。已，戰於衡州而敗，可望使人召之赴沅議事，將因其敗而殺之。定國覺其意，辭不行，遂入粵西。初，可望遣雙禮邀定國，爲定國所敗，擒而(擇)〔釋〕之，故雙禮傾心定國。

十年癸巳，可望自率兵追定國，猝遇我兵而敗，歸則盡殺明宗室之在黔者。王處安隆，勢日窮促，知可望與定國有隙，乃與大學士吳貞毓謀，先以計遣可望腹心文安侯馬吉翔往南寧祭陵，乃遣林青陽充使，封定國爲晉王，趣使來迎。定國奉敕，感激流涕。然以兄事可望，久未敢輕發。一日，劉議新自定國營過南寧，見吉翔，語及定國受敕事。吉翔大驚，遽聞之可望。

十一年甲午，可望遣鄭國、王愛秀至安隆索首事者，縶閣臣貞毓，極刑拷掠。貞毓曰：

「凡事宰相主持，我約李定國討孫可望是寔，諸臣無與。」而吉翔已報坐十八人，某主謀，某草敕，羅織成案。於是主事張鐫、太監張福禄、全爲國凌遲死，蔣乾昌、李元開、李欣、胡士瑞、徐極、楊鍾、趙賡禹、蔡縯、鄭允元、周允吉、朱議𣶃、朱東旦、任斗墟、易士佳等皆棄市，貞銃以大臣賜自盡。可望憾定國益甚，然以將兵在外，不敢輕樹敵，仍厚養其妻子於雲南。定國亦防可望襲之，益取高、雷、廉州以自固。

十三年丙申，定國進攻新會，大敗，率殘兵奔南寧，將由安隆入滇。可望偵知之，使文選赴安隆，勒王回黔，合宫大慟。文選雖爲可望用，然心不直其所爲，因以情告王曰：「姑遲行，候西府至。」西府，謂定國也。定國至安隆，文選歸之，共奉王趨雲南，王封文選爲鞏昌王。時守滇者爲劉文秀、王尚禮、王自奇、賀九義。文秀素怨可望，遂以數騎私迓定國，迎王入滇。王封文秀爲蜀王，尚禮保國公，自奇夔國公，令文選還黔慰諭。文選至，可望銜其二於定國也，悉奪其所部兵，羈之軍中，然以妻子尚在滇，未敢遽反。

十四年丁酉春，王使張虎送可望妻子於黔，可望遂反。可望諸將馬進忠、馬惟興、馬寶最稱勇健，而素善於文秀，且與文選交密，因從容謂可望言：「今諸將中才無出文選右者，大將非文選不可。」可望從之，乃留雙禮守貴州，而以文選爲大將軍，統諸軍前行。

九月，定國、文秀帥師至三坌河，與可望夾交水而軍。文選輕騎奔定國。可望以李、劉俱出，會城必虛，因遣張勝、馬寶由尋甸閒道襲雲南，而自將勁卒擊定國。十九日，戰方合，惟興等内叛，將士大呼「迎晉王」，一軍瓦解，可望狼狽回貴州。而襲雲南之師，馬寶不戰來降，張勝抵城下，尚禮謀内應，沐天波覺之，守之以兵，得不發。定國兵回，遇勝於渾水塘，擒而誅之。尚禮仰藥死。於是文秀、文選窮追可望於貴州，可望挈妻子走長沙，來降於我經略洪承疇軍前。雙禮爲可望斷後，截其子女玉帛，來降於文秀，同歸雲南。王封雙禮爲慶陽王，進忠爲漢陽王，惟興與寶及九義俱進公爵。其僞德安侯狄三品、僞岐山侯王會、僞荆江伯張光翠，以黨附可望，降爵有差。惟文安侯馬吉翔善逢迎，入閣辦事如故。

十五年戊戌春正月，可望至京師，封義王。

孫李奔北

順治九年壬辰春二月，定南王孔有德以七百騎出河池，向貴州，大兵駐柳州接應。孫可望乃謀内犯，使李定國、馮雙禮由黎平出靖州，馬進忠由鎮遠出沅州，會於武岡，以圖桂林；劉文秀、張先璧由永寧取敍州，白文選由遵義取重慶，會於嘉定，以圖成都。可望疏請封定國爲西寧王，文秀爲南康王。

五月，定國進攻靖、沅、武岡，俱下之，有德還守桂林。定國由西延大埠疾趨而進，我師遇於全州，不利。

七月四日，定國陷桂林，獲前降將陳邦傳及其子曾禹，送貴州，去其皮而殺之。有德自經死，家口百二十人悉被殺，惟一女年十七，逸出城，單騎走京師，哭訴於朝。世祖憐而養之宫中，後歸其原夫孫延齡。

十一月，我敬謹親王尼堪統兵攻衡州，定國敗走，王率精騎追之，遇伏，殞於陣，固山佟圖賴監其軍。定國收兵屯武岡。

十年癸巳春，定國回廣西，可望使人召定國，不至，可望自率兵追之。大軍至寶慶，與可望遇，雙禮將左，文選將右。我軍見可望龍旂，急攻之，可望北，惟雙禮軍不動。我軍鑒衡州之失，亦不追，以武、寶之閒爲界，定國遂得據廣西。已，與馬寶由懷集東攻肇慶，不能克。秋，攻高州，破之，雷、廉俱下。

十二年乙未，可望犯常德，敗績。定國攻新會，不能克。

十三年丙申春，平南王擊敗定國軍，定國奔南寧，遂抵安隆，奉王趨雲南。

十四年丁酉，可望來降於王師。

十五年戊戌春正月，命楚、蜀、粤三路兵入黔。定國使劉正國、楊武守三坡、紅關諸要險，以防蜀，馬進忠駐貴州。四月，夔國公王自奇、永壽伯關有才反，定國自率兵討平之。楚兵自鎮遠入貴州，屢告急，定國不及援，遂平貴州，進忠遁蜀。兵至三坡，劉正國奔回雲南，蜀兵克遵義。五月，蜀兵擊破楊武於開州之倒流水。七月，粵兵抵獨山州。十月，三路兵俱集，戒期入滇。定國與雙禮等扼雞公背，圖復貴州；文選守七星關，示犯遵義，以牽制蜀兵。十二月，蜀兵出遵義，趨天生橋，入烏撒。文選懼，走回霑益州。泗州土官岑繼禄導粵兵入安隆，定國使懷仁侯吴子聖禦之，敗績。定國回師拒戰，連敗，大營妻子俱散失，諸將各敗走不相顧，馬寶等俱來降，定國撤寨遁回。十五日，報至，王走永昌。

十六年己亥春正月三日，大兵入雲南。二月，文選敗於玉龍關。初，文選自霑益追及定國，因留之斷後。二月，大兵出雲南。十日，敗王國勛於普洱。十五日，至大理之玉龍關，文選與張先璧、陳勝俱敗。文選乃從沙木和走右甸，由鎮康而出木邦。定國先伏兵於潞江之高黎貢山中。十八日，大兵抵永昌。二十一日，次潞江。前驅遇伏，不利。適中書盧桂生來降，定國謀洩，乃分精甲先蹂伏處。定國遇大軍，不能支，因退師出騰越，走孟定，而王已入緬矣。

三藩紀事本末卷四

永明入緬

順治十六年己亥正月，王自雲南赴永昌，警報日至。二月十五日，李定國令總兵靳統武率兵四千人，自永昌啟行。十八日，抵騰越。時李國泰、馬吉翔輜重甚厚，恐遭劫奪，促王連夜卽行。兵馬過處，火光燭天，右轉左旋，天明仍在故處。二十八日，至銅壁關，統武去王，仍歸定國。緬人知王抵關，令從人悉去兵器，方許入關。是日，次蠻漠，緬人迎貢頗成禮。昆明諸生薛大觀與子之翰聞王入緬，投黑龍潭死。二十九日，駐扎定。三月一日，到河岸，河中惟四舟，止足供王用，而河傍又無他舟可買，從人乃登陸，紆路赴緬。途中遭劫殺者，通政使朱蘊金、中軍姜承德、副總兵高陞、皇親馬九功、千户謝安祚、向鼎忠、范存禮、温如珍、李勝、劉興隆、段忠等皆死於難。初六日開舟，二十四日至阿瓦，請大臣過河面議册寶，視神宗時差小，疑以爲假。及出沐國公印，對同，乃信，因請王及文武臣居舊城，復請王敕關上無得納漢兵。三月十七日，陸行人到緬。緬王曰：「此非來避亂，乃裏應外合兵也。」發兵圍之，殺傷甚多，僅存者分散各村居住。總兵潘世榮降於緬，或云在途被殺，未詳。五月四日，緬王以龍舟來迎王。八日，到者梗，蓋房十閒居王，以竹爲城。隨從諸臣或短衣跣足，與緬婦相貿易爲笑樂，大爲緬人嗤。緬俗，朝見以跣足爲禮。八月十五日，各蠻來朝。王欲誇示諸國，於十三日請沐天波過河，令跣足爲諸蠻先，以臣禮見焉。九月，緬人進稻穀，給貧乏者。

十七年庚子七月，緬王復請天波過河，以各營逼緬城，乞王敕漢兵無得近關。九月，李定國有疏迎王，內云：「前後共有三十餘疏，俱不達。」時馬吉翔與李國泰比專事權。一日，翔奏大臣有三日不舉火者，王不應。明日，翔、泰合奏，王怒以御寶擲下，翔卽鑿而碎之，散給諸臣，其凶悖如此。

十八年辛丑，任國璽因東宮開講，將宋末賢奸利害，纂書進呈。翔見而切齒。王覽一日，翔卽袖之以出。五月，璽復有時事三不可解疏，大概言：「今日勢如累卵，禍急燃眉，猶然泄泄不思出險。沐勳臣、王皇親亦可主持，豈宜令翔、泰獨專大柄。」王祖望、鄧居詔各疏劾翔、泰，王固無如翔、泰何也。而是時蒲纓大開賭市，晝夜呼盧不絕。王惟恭與楊太監争賭毆拳，喧譁徹內，益爲緬人所輕。

先是，二月二十八日，白文選密遣緬民賫奏，內云：「不敢速進者，恐有害，必得緬人送出爲上策。」王卽回璽書甚切。越五六日，沿河搭浮橋爲奉迎計。緬人覺之，事不果。三月，錦衣衛趙明鑑等謀奉世子逸出，出時并殺翔、泰。翔、泰聞，遂以結盟投緬誣奏，執殺王啟隆家人何愛等。

七月二十三日，緬酋殺兄自立，隨遣兵士驅王隨從文武諸臣渡河吃呪水，至則盡殺之。於是松滋王某、沐天波、馬吉翔、王惟恭、馬雄飛、鄧士廉、鄧居詔、楊在、鄔昌琦、任國璽、王祖望、裴廷謨、楊生芳、郭璘、潘璜、齊應巽、魏豹、王自京、安朝柱、王昇、陳謙、王啟隆、龔勛、吴承爵、張宗伯、任子信、張拱極、劉相、宋宗宰、劉廣銀、宋國柱、丁調鼎、李國泰、太監李茂芳、楊宗華、李崇貴、周公、盧公、曹公、沈公、二楊公皆被其難。少頃，復以兵三千人圍王所，每三十人擒殺一人，入宫搜取財帛。於是自縊及被殺者不可勝數，其姓名可紀者，吉王某同妃自縊，二貴人楊氏、劉氏、松滋王妃俱自縊，姚文相、黄華宇、熊相賢、馬寶二、差官趙明鑑、王大雄、王國相、吴承胤、朱文魁、吴千户、鄭文遠、李既白、凌雲、嚴麻子、尹襄、朱議漆、王國璽等皆死之。内官陳德遠等一十八人，一行自縊。王與太妃等二十五人聚一小房，逾二時，通事引護守緬官至，曰：「不可傷皇上。」乃移王出居沐國公房内，大小内外共棲一樓，三日幾斷火食。兵退，姜承德妻楊氏自縊死。馬吉翔第四女哭曰：「我父在世，不知作何等人，如今已死，人猶駡之。」縊數次乃絶。王啟隆妻吴氏、妾周氏既上縊，太監李從龍見而救之。吴曰：「爾與吾夫厚，應促我死，反來救耶？」卒自縊。吴承爵妻某氏先縊子女，乃自縊。齊環妻某氏抱子赴水死。二十一日，修葺原所，復請王居之。二十五日，進銀米等物。

檄緬取王

順治十六年己亥春二月，李定國之兵敗於潞江，退師出騰越，知王已入緬，不敢深入。聞白文選屯兵木邦，乃就文選謀曰：「王入緬，敕漢兵無入緬關。我兵若入，恐變生不測。清兵萬一隨來，無險可恃，莫若就邊地擇妥屯住招集，以圖興復。」文選以王既入緬，無重兵護衛，請身入護王，與定國謀不合。定國遂自引兵從孟定府過耿馬，抵猛緬屯扎。前各營潰兵陸續來集，兵勢稍振。越數月，移營孟連，賀九義及文選部將張國用、趙得勝等皆來歸，乃約元江土司那嵩共恢復。孟艮酋長以定國在孟連，恐爲所并，糾合夷衆，與定國爲梗。定國移兵征孟艮，滅之，據其城。而大兵已乘閒破元江，那嵩自焚死，事不得集。賀九義妻子在雲南，我平西王吴三桂令作書以招九義，九義有二心，定國殺之。國用、得勝與九義同來歸者，聞之心怏怏。總兵唐宗堯者，故奸弁，定國令守磨乃，凡兵將投孟艮者，宗堯悉收隸麾下，商客至則盡取其財，由是商賈不至。以故雲南及阿瓦消息，定國絶不聞。

文選自與定國別，卽由木邦至錫薄，所至縱兵大掠，聲達阿瓦。阿瓦有新舊二城，新城緬王所居，以舊城居王。文選急攻新城，城中無備，且破矣。緬王紿言俟三日出新城讓王，文選信之，退兵十里，而城中備禦復固。既三日，文選復引兵進攻，反爲所敗，遂引兵赴孟艮會定國。定國遂同文選赴阿瓦，其國用、得勝所部兵仍還文選，時十七年庚子九月也。緬人知文選敗，定國必復來，乃益修戰守備。

十八年辛丑四月，定國至阿瓦，使人入緬求王，緬人不許。定國見緬人備禦已固，乃退兵三十里下營。明日，緬人見定國退，卽於城外立木城，日移而前，遂偪定國寨。五月，以象兵與定國戰於木城下。定國前隊稍失利，文選引兵橫衝之，緬人大敗，退保新城。文選、定國決計渡江，先遣都督丁仲柳於阿瓦上流造船。緬人知船工將竣，以正兵綴定國，而別遣奇兵擣船廠。仲柳棄船走，船悉被焚。定國與文選議復進洞鄔，一面造船，一面攻新城，使兩不相應，乃俱移營，定國在前，文選在後。國用、得勝以九義之死銜定國，至是遂挾文選北走，將來奔於我朝。至耿馬，適與吴三省軍相值。三省者，定國舊部。安隆之敗，三省尋獲大營妻子，來詣定國於孟艮，而定國已移營，不相遇，至磨乃，宗堯有叛志，收而殺之。然兵弱，不敢入緬地，流連孟定、耿馬閒。文選退走，遇三省軍。文選見三省，不言而涕出。三省察軍情有變，因言雲南降者皆怨恨不得所，人心思明，甚於往日。於是張、趙復心動，遂與三省同屯於錫薄。

我平西王吴三桂偵知李、白情隙，乃令馬寶率兵追文選，且招之，而自率大兵趨緬。時文選已去錫薄，寶追及文選於孟養，單騎赴文選營説之，文選降，封承恩公。王某妃在文選營，文選降，妃自縊。大軍臨阿瓦，檄緬取王及妃。十二月三日，緬人令數十夷人連座擁王去，約二里許至營，則三桂軍矣。九日，大軍回滇，捷聞，我皇上恩免俘見。

康熙元年壬寅四月二十五日，王與妃及世子俱終於雲南。沅江總兵皮熊聞王就執，走避水西，絶粒七日不死。大兵聞，遣騎執熊至，背立不順命。積十三日不食，始殰。十四日乃斃，仍戮屍。熊壻趙默亦被執，索紙書絶命詞受戮。鄧凱者，從王於緬，王既死，入昆陽普照寺爲僧。李定國聞阿瓦消息，遣人入車里、暹羅諸國乞兵，圖興復，會一營人馬盡死。六月十一日，定國生辰，病作。二十七日，定國卒。臨終謂子嗣興及靳統武曰：「寧死荒徼，無降也。」定國死未幾，統武亦卒，嗣興來降。

蜀亂

順治元年甲申，張獻忠據全蜀，惟遵義未下。兵部右侍郎、總督川陝軍務樊一蘅及督師王應熊避其地，因檄諸郡舊將，會師大舉。會巡撫馬乾復重慶、松潘，副將朱化龍、同知詹天顏復龍安，一蘅乃起舊將甘良臣爲總統，侯天錫、屠龍副之，合參將楊展、游擊馬應試、余朝宗所攜潰卒，共得三萬人。

二年乙酉三月，攻敍州，應試、朝宗先登，展繼之。僞都督張化龍走，遂復敍州。賊將馮雙禮率兵來争而敗，僞安東將軍孫可望援之。相持一月，一蘅糧盡，退屯古藺州，展退屯江津。賊乃截化龍於羊子嶺。化龍率番兵衝之，賊驚潰遁去。一蘅命展、應試取嘉定、邛、眉，故總兵賈聯登及中軍楊維棟取資、（藺）〔簡〕，天錫、高名佐取瀘州，李占春、于大海守忠、涪。初，乾既復重慶，賊將劉文秀來攻，會副將曾英與參政劉鱗長自遵義至，與大海、占春、張天相等奮力夾擊，破賊兵數萬，英威名振蜀中，亦受一蘅節制。其他據城奉征調者，洪、雅則有曹勛及監軍副使范文光，松、茂則有監軍僉事天顏，夔、萬則有譚弘、譚（誼）〔詣〕，一蘅乃移駐納溪，居中調度。

三年丙戌春，展等盡取川南地，獻忠大忿恨，盡屠境内民，沈金銀江中，焚宫室，急遣可望、文秀、狄三品、王復臣等攻川南州郡，連戰不利，英、祥等乘間趨成都。七月，賊棄成都，走順慶。時川中諸郡惟保寧、順慶爲賊將劉進忠所守，而進忠所部多川兵，獻忠恨川人之不附己也，既屠其民，將盡殺川人之爲兵者。進忠聞之，大懼，赴王師降，且告獻忠所在。十二月，王師殺獻忠於鹽亭，賊兵悉潰（而）〔川〕南。時英駐重慶，稱最強。可望猝至代之。

重慶，英出不意，敗死，賊遂陷綦江。督師應熊退避畢節衛，未幾，死。永明王以呂大器

四年丁亥，賊入遵義。而是時大兵入川，所至俱下。大海退入于涪，袁韜去夔，而入於黔之婺川，占春避而東下，諸擁兵者率瓦解，川地盡入版圖矣。已而王師追賊至遵義，糧盡引還。於是王祥等復入保、順二郡，一蘮再駐江上，爲收蜀計，上表永明王。王以一蘮爲戶兵兩部尚書，加太子太傅，諸將祥等進爵有差。於是韜復入重慶，大海占雲陽，占春據涪州，〔諸〕〔詣〕據巫山，譚文據萬縣，弘據天字城，天錫據永寧，應試據蘆衛，祥據遵義，展據嘉定，化龍、勛等各據地自擅。而宗室朱容藩及故偏沅巡撫李乾德以總制至，楊喬然、江爾文以巡撫至，各自署置，官多於民。李自成餘孽李赤心、郝搖旗、袁宗弟等復擾夔、巫閒。一蘮令不行，惟敘州一郡而已。

五年戊子，容藩自稱楚世子、天下兵馬副元帥，建行臺於夔。武岡之敗，傳永明王已死，大器過占春營，具言王無恙，容藩乘機僭竊，當得罪。占春以爲然。李乾德亦傳檄聲容藩罪。容藩益窘，乃北依二譚，以兵攻石砫司，占春援之，容藩兵敗，走死雲陽。是時川地咸附於永明王。

乾德者，少好占驗，至蜀，諸將中惟許韜及武大定，遂結二人爲腹心。韜故獻忠別部，

所稱姚、黄十三家賊，大定則小紅狼别部也。韜與占春素不協，時駐重慶，兵强而饑。乾德遣人説展，與合兵。展與占春素厚，富而弱，籍袁、武之强以自固，納之，約爲兄弟。然展能與袁、武合而不欲與占春絶也，時通聞問，餽以銀米。袁、武有所求，顧不甚遂，因恨展。既韜徙屯犍爲，展以生辰來爲壽，乾德因説韜殺展而分其貲。展死，諸將皆解體，故乾德卒至於敗。可望聞展死，將圖蜀，乃爲展訟寃，使王自奇將兵由川南進，而别遣文秀及白文選渡金沙河，出黎州，敗王祥於烏江河，取曹勛而襲其後，趨嘉定。時袁、武方拒自奇於川南，撤師還救。自奇尾擊之，袁、武大敗，悉就擒。乾德投水死。兵復東，三譚俱降。乃遣别將盧名臣下涪州，占春敗走。大海在忠州，知不支，引兵出夔入楚，與占春來降於王師。文秀遂據蜀。

七年庚寅正月，文秀還雲南，令文選守嘉定，劉鎮國守雅州。三月，大兵南征，文選、鎮國俱敗，王師入嘉定，文光、天顔死之。初，展之死，文光入山不視事，至是死焉。九月，一衡亦死於山中，蜀中將士俱盡。

九年壬辰，文秀、文選率兵來攻保寧，大軍奮擊，破其象陣。

十六年己亥，弘、詣俱納欵。時弘、詣已殺文，文安之與劉體仁、李來亨等欲討之，二人懼，來降。未幾，取馬湖敘州，降牟勝於武隆，赦而用之。於是獻孽之擾蜀者亦盡。自成遺孽郝搖旗、袁宗弟、劉二虎等尚據巴東。

十八年辛丑，奉旨三省會勦。王師駐萬縣，賊棄夔州。

康熙元年壬寅正月元旦，大軍銜枚進奪羊耳關，賊焚天昌縣以遁。二年癸卯，復犯巫山，大軍與鏖戰，而遣兵密斫其營，賊大潰。二虎投繯死，追搖旗、宗弟，獲之，蜀地悉平。

鄭成功之亂

鄭成功，南安人，父芝龍娶倭婦生，初名森。芝龍見森於唐王，王奇之，賜國姓，名成功。順治三年丙戌三月，王封成功爲忠孝伯。福州破，成功母死於兵，成功號慟不自勝。芝龍欲降，成功泣諫不聽。我貝勒挾芝龍北去，成功遂與所善陳輝、張進等乘二艦入海，收兵南澳，得數千人。

四年丁亥，聞永明王由榔僭立於肇慶，文移用永曆年號，成功歸自南澳。時廈門、浯州爲鄭（彬）〔彩〕、鄭聯所據，乃泊鼓浪嶼。廈門者，中左所也；浯州者，金門也，隸同安，爲兩島。七月，入寇海澂，不克而還。八月，與鴻逵合攻泉州，敗我提督趙國佐於桃花山，遂圍泉州。五年戊子，我副將王進自漳來援，成功解圍去。三月，攻同安，守將王彪、折光秋棄城走，遂入之，復寇泉州。九月，我佟國器、陳錦、李率泰援之，成功乃退。大兵屠同安。

六年己丑三月，遣施琅、楊才、黄廷、何宸樞等寇漳浦，守將王起鳳降，授僞鐵騎鎮，尋改僞正兵鎮。遂下雲霄，抵詔安，屯分水關，令黄廷、何宸樞守盤陀嶺。官軍攻盤陀，宸樞死焉。七月，永明王遣使至島，封成功爲廣平公。

七年庚寅，潮人黄海如、陳斌道成功入潮州，敗我師於潮陽。師還，遂入兩島。兩島爲鄭彩、鄭聯所據。成功師抵厦門，聯方醉卧萬石巖，報至，不得通。詰朝酒醒，出見，成功笑曰：「兄能以一軍見假乎？」聯未及對，諸執鋭者前矣，遽麾軍過聯船，兵士皆讋服，莫敢動，遂并聯軍。彩率所部遁於南中。已，殺聯而復彩。成功將至，彩議全軍出避，聯不從，又不設備，故及。成功既入兩島，軍勢益强，海寇皆屬焉。十二月，王師下廣州，守將杜永和奔瓊州，成功謀往接之。

八年辛卯，率衆而南。二月，次平海衛。我閩撫張學聖聞成功南發，急調馬得功取厦門，僞守將鄭芝莞遁。四月，成功還自平海，誅芝莞，遂趨厦門，而得功已爲鄭鴻逵所攻，逸去兩日矣。是月，施琅來降，世祖以琅爲福建水師提督，駐海澂。琅有軍校犯令，將殺之，成功急止之，不從，故成功遂欲殺琅。蘇茂縱琅，遂來歸，於是成功并憾茂。五月，成功寇南溪。十一月，敗我提督楊名高於小營鎮。十二月，寇漳浦。

九年壬辰五月，寇海澂。二月，寇長泰。我副將王進勇無敵，號「老虎」，成功僞中提督甘輝與戰於北溪，兩馬相搏，不相下。既而兩家兵至，乃解。進入長泰，輝攻破之，進走郡城(潭)〔漳〕州，屬邑皆下。五月，成功圍漳州，凡七閱月，城中食盡，人相食，枕藉死者七十餘萬人。問存者，氣息僅屬，雖悲泣不能下一淚。有士人餓死，鄰舍兒竊食之，腸中歷歷皆故紙，字畫隱隱可辨，鄰舍兒見之，一慟亦絕。十月，金固山援至，成功令僞右衝鋒鎮柯朋接戰而敗；僞禮武鎮陳鳳援之，亦敗；僞右武衛周全斌援之，亦敗。成功大崩潰，退保海澄。

十年癸巳五月，金固山攻海澄，城壞百餘丈。成功親立雉堞堵禦，不能破。一日，空炮遞發，成功曰：「是將臨城矣。」勒兵持斧以待，令曰：「敵至方斫。」官軍渡濠，呼登城，衆執巨斧以斫，隨斫隨落，濠爲之平，固山始解圍去。

十一年甲午，世祖遣人入海招撫，芝豹就撫入京，成功不順命。時方議撫局，成功乘機登岸措餉，大擾福州、興化等郡。十月，復遣滿員入海議撫，無順意。歸報，乃置芝龍於高俎，芝豹於寧固塔。十二月，寇漳州。我漳州守將劉國軒降於成功，十邑皆下，遂略泉州，不能破而還。

十二年乙未正月，寇仙遊。五月，遣僞忠振伯洪旭、僞北鎮陳六御寇舟山，破之，以六御守備，因招降我台州鎮馬信、寧波鎮張宏德。六月，破安平鎮及惠安、同安、南安三邑。

十一月，我定遠大將軍、世子王至閩，成功遁回島中。

十三年丙申正月，世子王自泉州出攻兩島，風不利，引還。五月，殺蘇茂。茂縱施琅，成功恨之，至是敗於揭陽，遂令殺茂。六月，黄梧及茂部將蘇明來降，世祖以梧爲海澄公，駐漳州，明爲多李幾昂邦内大臣。梧從蘇茂敗於揭陽，故來降。十月，世子王班師，成功進略温、台等郡。

十四年丁酉三月，成功回島，遣甘輝、周全斌攻寧德，殺我滿帥阿克襄。襄既隊馬，猶手刃數人而死。

十五年戊戌，永明王遣周金湯航海，進成功爲延平郡王，成功遂議大舉，入寇金陵。七月，以黄廷爲僞大提督留守，餘俱從行，甲士十七萬，習流五萬，習馬五千，戈船八千，鐵人八千。鐵人者，周身披鐵，畫以朱碧彪文，陳於行首聳立，視馬足而斫之。至浙江，攻陷樂清等縣。次陽山，暴風漂没八千餘人，成功幼子溺焉。

十六年己亥五月，至崇明。諸將請先取崇明爲老營，不聽。七月，抵焦山。成功集諸將議曰：「瓜鎮爲金陵門户，宜先破之。」乃令僞右提督馬信、前鋒鎮統領余新進奪譚家洲，僞材官張亮督善泅水者，盪舟斬斷滚江龍；僞兵侍張煌言會僞水師提督羅藴章，候滚江龍既斷，卽進據瓜州上流，焚奪滿洲木城。成功與甘輝、翁天祐等直搗瓜州。我操江朱衣祚城守，左雲龍率兵一萬會戰，背港而軍。戰未合，張亮已斷滚江龍，對岸夾擊。僞右武衛統領周全斌率兵帶甲浮渡，直抵城下。僞正兵鎮韓英奪門入，城遂破。雲龍陣没，衣祚逸去，其譚家洲及滿洲木城俱潰。成功令僞援勦左鎮劉猷守瓜州，餘皆渡江趨鎮江。我提督管效忠以步兵駐守銀山，騎兵移當大路。成功以銀山迫府治，爲必争地，夜引兵奪之。遲明，大軍分五路，三疊壓壘而軍。成功令發火炮，多鼓鈞聲，江水震沸，兵士皆下馬殊死戰，效忠北。鎮江守將高謙降，成功以周全斌、黄昭守之，屬邑皆下。甘輝進曰：「斷瓜州，則山東之師不下；據北固，則兩浙之路不通。但坐鎮此，南都可不勞定也。」不聽。率師薄金陵。八月，至觀音門，以黄安總督水師，守三汊河口。成功率諸將由儀鳳門登陸，屯岳廟山。甘輝以守禦既固，恐難猝拔爲諫，不聽。大軍以千騎來薄，僞前鋒鎮余新擊敗之，遂輕敵，不設備，軍士捕魚飲博爲樂。我副將梁化鳳偵知之，由儀鳳門穴城出，軍皆銜枚疾走，薄新營。新不及甲，遂就擒。成功急令翁天祐馳援，已無及。大兵既敗余新，遂以步卒數千直擣中堅，而以騎兵數萬繞山後，出其背，前後夾擊。成功大敗，諸僞將各潰走不相顧。成功麾軍急退，甘輝且戰且走，至江，騎能屬者三十人，被執殺。九月，成功還師攻崇明，不下，僞正兵鎮王起鳳傷炮死。十月，還島，哭甘輝而後入，曰：「我從甘輝言，不及此。」立廟祠之。

十七年庚子五月，世祖命將軍達素、總督李率泰率兵大搜兩島，令大船出漳州，小船出鄭泰出梧州，遏廣東之師，自勒諸部扼海門以禦漳州之來討者。成功既至海門，令僞五府陳堯英傳令諸將碇海中流，按軍不動。令未畢，漳船風利，遂迫海門，諸將倉卒受命，未敢先發，大兵乘之，僞閩安侯周瑞與陳堯英俱死焉。日向午，東風轉盛，成功自手旗起師，風吼濤立，北人不諳海性，眩暈不能軍而退。是日，同安軍出，高崎陳鵬欲降，僞副將陳蟒覺之，曰：「事急矣，當決一死戰！」麾其屬與僞殿兵鎮陳璋合擊之，我兵退，陷於淖而潰。成功殺鵬，以蟒代之。許隆、蘇利後二日始至，知兩路功不成，遂還。達素回福州，自殺。

十八年辛丑，成功議取臺灣。臺灣東倚山，西薄海，北界雞籠城，與福州對峙，南則河沙磯，小琉球近焉，周袤三千里，水陸之產咸備。初，芝龍與羣盜出沒其地，後爲紅夷所據。成功自江南敗還，地蹙兵弱，適紅夷甲螺何斌逃至廈門，見成功，盛言臺灣富彊，爲四省要害，且言可取狀。成功大喜，束甲遂行。三月，泊澎湖，次鹿耳門。鹿耳門者，水淺沙膠，海道紆折，僅容數武。成功至，適水驟漲丈餘，大小戰艦銜尾而進，紅夷大驚。成功引兵登陸，克赤嵌城，遂攻王城，堅守不下，乃環七崑身以逼之。十月，命棄芝龍於柴市，鄭氏子孫在京者，無少長皆伏誅。十二月，成功圍王城不下，乃縱火燒其夾板船，敗者一人終無降意，成功乃使人告之曰：「此地乃先人故物，今我所欲得者地耳，餘悉以歸爾。」荷蘭乃降。

成功既得臺灣，制律法，興學校，改臺灣爲僞安平鎮，赤嵌城爲僞承天府。府一，曰承天。縣二，曰天興、萬年。

康熙元年壬寅五月，成功卒。成功自僭亂至今，凡十七年，卒年三十九。時成功長子經在厦門，臺人以成功弟襲理臺事。六月，赴至島，經自稱招討大將軍，嗣立。我靖南王耿繼茂、總督李率泰遣人持書招經，經請如朝鮮事例，不報。經於是以周全斌爲僞五軍都督，與陳永華、馮錫範等帥兵還臺。黄昭、蕭拱宸謀奉襲拒經。十一月，昭攻經，經潰。余斌率兵力戰，經還射昭，昭殪，衆皆逡巡稅甲，經遂入臺。

二年癸卯，永明王訃至，經猶稱永曆年號。殺鄭泰，以其貳於襲也。泰子纘緒、弟鳴駿、僞忠靖伯陳輝、僞武衛楊富、僞虎衛何義等俱來降。於是天子鋭意南征，遣人約紅夷合兵攻島。十月，耿繼茂、李率泰、滿帥郎賽合紅夷出泉州，提督馬得功出同安，黄梧、施琅出漳州。經令全斌禦之。得功先至，戰於(烏)〔島〕□□於陣。已而王師大集，全斌潰退，守銅山。大兵入兩島，兩島之民爛焉。

三年甲辰，黄廷、周全斌、林順俱來降。

四年乙巳，水師提督施琅疏請攻臺，不克而還。上命琅及全斌俱還京。

七年戊申，上命明珠、蔡毓榮至漳州，遣興化知府慕天顔持書招諭。經遣柯平、葉專入奏，請如朝鮮事例，不報。

十一年壬子，吴三桂據雲南、四川、貴州以叛。

十二年癸丑，耿精忠據福建，執總督范承謨以叛，八閩鎮將皆附於精忠。五月，精忠調海澄總兵趙得勝兵，得勝不從，來奉經，經以得勝爲僞興明伯、左都督。時經偷安日久，兵甲鈍敝，精忠易之。經遣人於精忠，借漳、泉二府，精忠不許，耿、鄭交惡。經遣馮錫範取同安，精忠僞守將張學堯降。精忠懼，使王進守泉州。王進者，「老虎」也，時降於耿。至泉未幾，爲王錫範所逐。先是，經僞平北將軍王進功入奏，精忠羈之福州。至是，進功子錫範誘殺泉州守將賴玉，遂逐進而附經，經以錫範爲僞指揮使。七月，王師圍潮州，精忠不能救，僞總兵劉進忠納欵於經，經遣僞援勦左鎮金漢臣率舟師援之，全軍俱没。九月，精忠命漳浦降總兵劉炎與王進爲犄角，取泉州。十月，劉國軒敗進於塗嶺。十一月，趙得勝、王錫範攻漳浦，劉炎降於經，遂援潮州，與王師戰於北岡，潮州圍解。

十三年甲寅正月，精忠使張文韜往經議和，以楓亭爲界，始通好也。五月，國軒入潮州，與何佑、進忠狥屬邑之未下者。我平南王尚可喜帥兵十萬來攻，晨掩佑軍，佑死戰，國軒繼之，可喜北。六月，經帥諸將圍漳州。先是，癸丑，我海澄公黄梧卒於漳州，子芳度權知軍事。經再入島，以芳度爲僞德化公。芳度陽受命，陰通本朝。事泄，經率兵攻之。芳度使兄芳泰突圍入粵乞救，自與諸將分守四門，攻圍六閱月。十月，部將吳淑開門出降，芳度投開元寺東井以死，不及援師聞三日耳。事聞，上震悼，贈王爵，謚忠勇，世襲十二代。經入漳州。

十四年乙卯二月，吳三桂兵至肇慶，(福)〔碣〕石總兵苗之秀、東莞守將張國勳降於經，經有韶州。平南王尚之信降於三桂，三桂檄讓惠州於經，國軒入據之。五月，精忠汀州僞守將劉應麟以州欵於經，經以應麟爲僞奉明伯，使吳淑入據之，始叛盟也。九月，王師入閩，精忠降。其興化僞守將馬成龍以州降於經，經以成龍爲僞殄鹵伯，使許耀入據之。耀沈湎酒色，不在軍事，乃以趙得勝、何佑代焉。十一月，精忠邵武僞守將楊德以州欵於經，經以德爲僞後勁鎮，吳淑入據之。當是時，經悉有泉、潮、漳、韶、惠、汀、興、邵八郡之地。十二月，王師敗吳淑於邵武城下，淑奔還島中。

十五年丙辰正月，王師圍興化，何佑疑趙得勝貳於我，戰敗不救，得勝死之，佑奔泉州，興化陷。二月，漳、泉潰，經遁入島。三月，我和碩康親王遣知府張仲舉復申前議，經勿從。四月，移諸將入臺，劉炎奔歸王朝。劉進忠降於吳三桂，尋歸王朝，俱磔燕市。國軒棄惠州回島，八郡盡失。

十六年丁(酉)〔巳〕二月，國軒入寇玉洲、三汊河、福河、下淤等堡俱下，擊敗援兵於江東橋，取石馬，遂入鎮，取灣腰樹、馬洲、丹洲諸堡。是時總督郎廷相按兵漳上，嗣公黃芳世、都統胡兔、寧海將軍喇哈達、都統穆黑林、平南將軍賴塔、副將朱志麟、姚公子、李阿哥等先後來援，俱敗，國軒遂取平和、漳平，圍海澄。六月，逮郎廷相，以吳興祚爲閩撫，姚啓聖爲總督，趨諸軍援澄。諸將高壘自完，顧視不救。城破，提督段應舉、總兵黃藍死之。國軒進陷長泰、同安，乘勝圍泉州，梅勒雅大里城守不下，乃狥南安、永春、安溪、德化等縣。八月，官軍復漳平、長泰、平和等縣。我學士李光地道喇寧海，賴平南由安溪出同安，巡撫朱興祚由仙遊出永春，提督楊捷由興化下惠安，總兵林賢、黃鎬、林子威帥舟師由閩安出定海，尅期援泉。八月，林賢等敗僞樓船中鎮蕭琛於定海，國軒退還漳州，以二十一鎮兵與王師戰於龍虎山。都統胡兔先合不利，啓聖援之，亦潰。精忠故仇鄭，親督戰，立斬退縮者三人，大呼而入。馬平南繼之，陣斬僞海鎮鄭英、吳正璽等，破營十六座，斬首四千級，捕虜一千二百人，亡溺以萬數，國軒泅河遁。

十八年己未十月，官軍攻蕭井寨，吳淑被壓死。啓聖開第於漳州，曰修來館，以(宮)〔官〕爵銀幣餌來歸者，漳、泉閒人率稱啓聖能懷遠也。

十九年庚申春正月，提督萬正色及總兵林賢、陳賢、黃鎬、楊嘉瑞以舟師伐島，逼海壇，興祚提兵與之沿海上下。經命僞左武衛林陞率陳諒、江勝、朱天貴禦之，既望我軍，畏其衆也，不戰而潰。天貴來降。二月，國軒入島，啟聖乘閒復十九寨，遂覆兩島。經及諸將遁入臺。

二十年辛酉正月，經卒於臺灣，嗣立凡十九年。經長子克𡒉向監國，寔非鄭氏出。經死，經母董卽收克𡒉殺之，以克塽嗣。十月，啟聖疏薦萬正色爲陸路提督，施琅爲水路提督，圖大舉。琅治兵平海。

二十二年癸亥六月，官軍發銅山，窺彭湖，國軒帥兵屯風櫃嶼、牛心灣以待。琅令藍理、曾誠、吴啟爵、張勝、許英、阮欽爲、趙邦試等以七船突入，縱火焚舟。國軒分兩翼合擊，琅自將突圍赴援，互有殺傷。明日，大兵取虎嶼、井彭，水故鹹，及王師雲集，泉水忽甘，衆志益奮。琅乃分兵爲八隊，每隊七船，各三其疊。琅居中，餘以屬諸將。國軒發大矢噴筒，烟焰蔽天。我軍裹創力戰，無生志，陣斬僞將林陞、邱輝、江勝、陳啟明、吴潛、王隆等。國軒兵士死者萬餘人，焚大小戰艦二百餘艘。國軒大潰，從吼門佚出。彭湖破，國軒入臺，與馮錫範、何佑、丘磊等奉克塽，决計來降。七月，遣劉國昌、馮錫珪等齎延平王金印一，招討大將軍金印一，公、侯、伯、將軍銀印凡五，籍土地、府庫、軍寔，詣軍門降。八月，琅至鹿耳門，國軒使人除道迎入。克塽嗣立凡二年，時年十五。自成功迄塽，凡三世，三十八年，僭僞悉平。克塽至京師，授漢軍公，錫範漢軍伯，國軒天津總兵，何佑相州副將。設府一，曰臺灣，縣三，曰臺灣，曰鳳山，曰新羅。

二十九年庚辰，上特命成功及子經之喪歸葬南安。寧靜王術桂者，遼王後，渡海依成功。彭湖既破，術桂以王印授克塽，遂投繯死，妾袁氏、王氏、秀姑、梅姐、荷姐從縊于堂。越十日，藁葬於鳳山縣長治里。

雜亂

順治二年乙酉，金聲桓入南昌，南、九欵附。德化李含初傾家起兵眼山，連破德安、瑞昌。時民情初附，惶惑驚恐，無敢言討含初者。未幾，含初所部王拐子私欵於我守潯將余世忠，因襲眼山，含初死之。同死者，生員李映陽、武生唐扉、鄧士鳳、熊九鼎、宗麻子。

順治二年乙酉七月，德安郭賢操起兵克德安，遂破建昌。所部高長子私欵於我，執賢操以獻。時方議撫局，釋勿殺。三年丙戌四月，賢操集衆圖再舉，我師偵得，環其廬焚之，獨賢操跳逸去。五年戊子，金、王叛，賢操復投袂起，爲我潯帥所執，殺之。子七，次良錫，與從子良銓攻建昌，中流矢死。三良鐸，從烏兵營戰死。同起兵死者，德安諸生桂登魁、胡戒。登魁妾胡氏從死。

順治二年乙酉，右副都御史新昌陳泰來捐貲募衆，遣所部李凌虹提兵復萬載，殺我所置令杜章卿，連破新昌。十二月，令子正儀、正儼往他省，而自帥師東下。金聲桓使署驛傳道戴國士招泰來，而以大軍隨其後。國士入見，泰來甫出，大兵已壓壘陣矣。泰來不及備，兵遂敗，泰來死黃氏祠中。國士與泰來，姻也，故聲桓使之紿泰來，而使之不疑。同起兵死者，瑞州劉詔新、諶廷椿、胡親民。

順治二年乙酉，我兵下瀘溪，以李光署縣事。邑貢生魏一柱縛光送鄭彩所剮之，與張載述畫策守瀘，敗我師於密潭。四年丁亥，王得仁下令族瀘之丁、傅、魏三族。一柱遂棄妻子走閩，襲破將樂，聯結永西、德化、興安諸藩，攻克建寧。王師至，圍而攻之，五閱月始破，一柱與諸藩俱死之，(推與)〔惟興〕安先事出不與。

順治二年乙酉，南昌舉人汜水知縣胡海定與海川董德興起兵金川。十月，王師取婺源，金川兵絕我糧道，王師退。復攻婺源，入之，殺我所置官吏。王師襲海川諸營，定被執論殺，首既殊而不仆。同死者爲揭新。

順治二年乙酉，起兵龍泉者爲天啟進士劉士楨，入泰和、廬陵。三年丙戌，吉安復陷，士楨遣四子肇履入閩求援，而令季子穉升從李陳玉起兵信豐，爲贛聲援。贛破，避於黃田。五年戊子，金、王叛，士楨復令肇履募兵從劉一鵬圍贛州，而令穉升趨南雄。金、王敗，歸匿龍泉，郡守索之急，乃絕粒死。穉升後戰死長橋鋪。

順治二年乙酉，南都陷，江北總兵黃斌卿遁歸。唐王僭立，斌卿上恢勦事宜，力陳舟山爲海外巨鎮，北可窺長江，南可取吴越。唐王善之，封斌卿肅鹵伯，令屯兵舟山。斌卿於是立制度，籍民田，田皆入官，民十五以上者籍爲兵，聚糧造船，爲竊據計。三年丙戌六月，魯王敗，失浙東，平夷將軍、定西侯張名振護王出海，投斌卿，斌卿不納。靖夷侯王之仁走舟山，斌卿擊殺之，盡并其衆。之仁部將張國柱來争，復爲斌卿所敗。又劫義師將軍胡來貢船，襲殺監軍御史荆本徹。四年丁亥，有兩王子浮海來至，斌卿沈之外洋而奪其貲。六月，忠威伯賀召堯來歸，殺其全家，奪其船五十號。是時斌卿勢張甚，有標將王大振者，斌卿取索無厭足，乃逃去，與鄭彩、張名振、阮進等共訴斌卿逆跡於魯王。王命諸鎮會討，斌卿將佐皆逃，阮進手斫斌卿，破其腦而沈之海。

吴江進士吴易，初爲史可法監軍，揚州、蘇州相繼失，易聚衆走太湖，與同邑舉人孫兆奎、諸生沈自炯、自炳、武進吴福之等結營長白蕩。朱涇、四保滙則有諸生周毓祥、周謙等，出没旁近州縣，以助餉爲名，富家大室率遭搶劫，黠者或預賄以免禍。我兵搜勦，則彼出此入，此出彼入，閒或相遇，互有殺傷。四五年閒，湖路梗塞，是亦江南一大劫也。順治二年乙酉十二月八日，諜報賊在泖西地方，發兵出勦，賊遁去。官兵至上澤鎮，縱肆淫掠，總鎮聞，梟示十數人，令搜各船所掠婦給還本夫。兵士畏法，遂以所掠之婦沈之江中。三年丙戊正月，忽傳白黨破城，城中男婦悉走避。明日，搜捉逃民，駕船以緝賊。五月五日，賊聚四保滙，泛蒲酣飲。大兵掩至，殺數百人，獲其魁羅騰蛟。五月六日，白黨張飛遠襲破金山衛。張故諸生，兄弟俱負膂力，與吴易合營襲衛城，協鎮出戰，飛遠遂遁去。先是，飛遠約城中助己者，悉墨其鼻。飛遠既遁，城中之通張者鼻尚墨也，協鎮悉殺之。七月，獲周毓祥，送南京殺之。周謙來降。未幾，獲吴易，殺之杭州。八月，白黨悉來降，提督吴兆勝人給一免死牌，其頭目悉於原官加銜一級，於是乞兒賤隸争入白黨者，悉有參游之號。

順治二年乙酉六月三日，吴淞副總兵吴志葵帥舟師入申浦，直抵米市塘駐泊，旗號四會，松人望之，以爲義旅也。及至，惟以令箭提某富室索銀若干，某富室索米若干，縱兵大掠，所至一空，遂逐我朝所置守令，公署獄鋪盡毁，於是松城有民而無官。既移泊黄天蕩，窺蘇之閶門，令參將魯之璵以五百人攻之，魯没於陣，全軍殲焉。志葵氣沮，退師泖中。已，兩廣總督沈猶龍據松江，而陳子龍、徐孚遠等亦起兵太湖中，軍號振武。然與志葵俱泊城外，不與城守，城破亦不能救也。王師取松江，志葵將航海以遁，移師申浦，抵得勝港。我師以小舟薄之，掩其不意，須臾火器齊發，烟焰蔽天，軍遂大潰。志葵被執，乞降不許，殺之浦中，積尸如丘焉。子龍後死吴兆勝之亂。

廬陵王藹妻劉淑英，父鐸，揚州太守，死璫難。淑英年十八而寡，常割股以療姑疾。甲中國變，自矢報國，遂集家僮百人，捐貲召募成一旅。順治三年丙戌，楚將張先璧駐永新，淑英領所部赴焉。張奇其才，欲娶之，淑英不可。張因分遣其部衆，淑英忿恨而卒。

順治三年丙戌，大兵取廣州。四年丁亥三月，兵科給事中陳邦彥及新會王興、潮陽賴其肖先後舉兵，説甘竹灘積盜余龍圍廣州，而已發高明，兵從海道入珠江，與龍會。時大兵在桂林，聞亂還救，聲言取甘竹灘。龍軍素無紀律，遂退，邦彥亦却歸。四月，遣門人馬應芳會龍軍取順德，應芳敗，赴水死。龍再戰於黄連江，敗没。初，廣州之圍，我巡撫佟養甲獲降者，知謀出邦彥，襲其家，執妾何氏及子和尹、虞尹，以招邦彥，邦彥不從。養甲壯之，仍善待(四)〔其〕妾及子。後郡紳李皇一、舉人杜璜起兵攻肇慶，乃殺之，璜等亦敗死。八月，東閣大學士陳子壯亦起兵九江(屯)〔邨〕，兵多蛋户番鬼，善戰。九月，邦彥密約子壯復攻廣州，水陸並進，且約原廣州衛指揮楊可觀爲内應。子壯先二日至城中，不敢應，又張檄者爲我所獲，事以不果，可觀被殺。時成棟攻張家玉於新安，邦彥因與子壯謀曰：「成棟聞警必急還，我伏兵禺珠洲側，而公以大艦逼其西，可以得志。望青旂而朱旂者，我軍也。」成棟還至禺珠洲側，邦彥以火舟衝之，焚其數舟，成棟引而西。會日暮，子壯不能辨旗幟，疑皆敵舟也，陣遂動。大兵擊之，遂潰，子壯長子上庸戰没。會故御史麥而炫破高明，迎子壯，子壯奔高明，邦彥奔三水。未幾，清遠指揮以城迎邦彥，邦彥入清遠，與諸生朱學熙同城守。數日，城破，邦彦率兵巷（戢）〔戰〕，肩受三刃，遂被執繫獄，五日殺之。學熙自縊於朱氏園。未幾，破高明，子壯所署知縣朱寔運戰死，子壯、而炫執至廣州，論殺，子壯母自縊。

順治四年丁亥，故廣信巡撫張家玉與舉人韓如璜結鄉兵攻東莞，入之，籍前尚書李覺斯家以犒士。甫二日，大兵至，家玉敗走西鄉，如璜戰歿。家玉祖母陳、母黎、妹石寶俱赴井死，妻彭被執，不辱死。西鄉大豪陳文豹奉家玉取新安，復入東莞。未數日，大兵復來攻，家玉敗走鐵岡，沿途集衆，復得數千人，遂入龍門、博羅、連平、長寧，攻惠州，克歸善，還屯博羅。大兵至，走龍門募兵，復得萬人，分龍、虎、犀、象四營，拔增城而據之。大兵來攻，分其軍爲三，倚谿崖以自固，大戰十日乃敗。諸將請潰圍出，家玉歎曰：「矢盡炮裂，欲戰無具；將傷卒斃，欲戰無人。」因偏拜諸將，赴野塘以死。初，家玉之走鐵岡也，覺斯盡發其先壟，毀其家廟，殲其鄉以復焉。

樂平倪大顯與兄大恢、大登，俱以勇力聞。乙酉，饒州司理周損幣致之。周敗，歸黃道周。黃敗，從曹大鎬。順治五年戊子，王得仁大發兵屠樂平，軍中聞顯勇，争取之，以爲奇功。有僧長八尺餘，下馬搏顯，顯斫僧，應手落。已，大兵悉集，顯知不支，遂自刎。大恢、大登被執論死。

吉水王寵者，初從劉同升起兵，以所部不戢去。已，往來臨、吉、撫、贛間。一日，爲我兵所獲，寵卽詭降。夜半起，盡殺同伴，卽載其旗幟以下。過新淦，峽江令見旗幟，以爲本兵也，出迎江滸。寵遽起擒殺，連破二縣，遂遁。已，吉水鄒文鼎與從姪敬起兵，寵與合營。大兵至，鼎、敬俱敗獲。鼎赴水死，敬解省論殺。寵急書「追勦王寵」四字於旗，大呼殺賊，遂逸去。既逸，我兵始知其卽寵也。明年，金、王叛，遍招王寵不得，蓋寵入山死矣。同時有安仁僧丹竹者，益藩起兵所招三十六營之一也。益藩敗，從揭重熙襲撫州，猝遇我將王得仁，丹竹以步逐馬，戟及得仁面，幾獲之。聲桓兵過安仁，聞丹竹病，遣九騎縛之。丹竹聞，力疾起，呼所部十餘人先伏於隘，偵知金騎在酒肆中，丹竹單身入肆。金騎見其爲僧，而不知其卽丹竹也，因問識丹竹乎，竹應聲曰：「我卽是。」遽拔刀殺二人。七騎者上馬馳，遇伏，獲其二；前，再遇伏，獲其三；惟二騎得歸耳。聲桓破廣信，多鹵獲。丹竹邀之，先以木樁置水中，因持長槍火箭逐之。聲桓兵棄舟走，盡得其所獲。後率壯士邀貝勒零騎之入閩者，大兵忽至，馬蹶見殺。

順治四年丁亥四月，松江提督吳兆勝據城以叛。先是，三年丙戌六月，李成棟調往福建，兆勝移鎮松江，有周謙者，故從白黨來降者也，稍知文墨，兆勝暱焉。因通海寇黃斌卿，令舉兵內向。給事中陳子龍、舉人殷之輅、生員張寬等皆與其謀。斌卿約於四月十六日兵至，而海舟非風不行，連日北風大作，舟不時至。海防同知楊之易、推官方重朗知其謀，潛移書洪承疇，言兆勝反狀。承疇未之信，卽以其揭下兆勝，兆勝大懼。十五日夜將半，以令箭促之易、重朗至，殺之，意明日黄兵必至也。天既曙，城外寂然。副將詹天祥知事不濟，卽同都司高永義率兵入，執兆勝，按誅將校十七人。二十四日，大兵至松江，執子龍於廣富林，子龍乘閒赴水死，出其屍戮之。子時（陳）方五歲，亦論殺。殷之輅、張寬逮至南京，斬於市。

孔徹元、徹哲，建昌人，家素封。有蔡觀光者，其客也。順治五年戊子，金、王叛，王師圍之。哲往援，潰没，元心勿能忘也。六年己丑七月，訛傳瑞德七邑奉靖武遺宗，元聞大喜，遂入城，逐我所置令劉時俊。已而各邑寂然，同黨執元以獻，兵卒皆散，而觀光心勿善也。七年庚寅，將揭竿起南昌，跡露，走鄱陽，爲巡卒所獲，論死。

順治五年戊子，金聲桓據南昌以叛，星子諸生吴江起兵應之。王師再平江州，江返南康，爲拒湖計，結壘開先寺。已，敗走都昌，得舊鎮張士彦標將黄才潰兵二百人，部勒之，冀復舉。已而黄才欵於我，執江來獻，論死。

順治二年乙酉，吏部尚書郭維經之子應銓、應衡、應煜舉兵臨川，與我兵大小十餘戰，頗有斬獲。唐王授應銓、應衡兵部郎中，應煜户部主事。維經視師贛州，應銓駐兵龍泉，爲贛犄角，而聲勢不相應。四年丁亥，我兵攻龍泉，應銓設伏敗之。部將劉文煌引我兵入城，一鵬飲以酒，應衡碎飲具大罵，齧齒斷臂以死。應煜見我按董學成，唾而罵之，抽腸死，死尤酷。

銓、衡兄弟皆被執。應銓投巖下不死，劉一鵬欲降之，不順命，扼吭以死。應衡至吉安，